緬甸

Discovery

米倉、玉石與佛祖的庇佑

文・攝影 ── 陳光煒

全新
增訂版

推薦序

很榮幸能在我的好友陳光煒醫師所著作的旅遊書籍《緬甸 *Discovery*》一書再版時，寫篇推薦序文。

這是一本了解「緬甸」的入手書，書本內容依緬甸地理區域分為五章節，每一章節都涵蓋了緬甸的宗教、歷史、人文、地景特色，閱讀這本介紹緬甸特色的書籍就像聆聽一首美好古典樂章一樣的享受，從各處景點介紹、到古蹟探訪、話說歷史、可以感受緬甸的特殊文化，每一章節都藏有作者敏銳觀察力，帶你體驗緬甸各地不同的魅力。

這本書以深入淺出的編寫方式來介紹緬甸的各旅遊景點，更附上作者整理好的簡明的地圖，是相當實用的緬甸「旅遊寶典」。本書另一特色為作者帶有人文特色的攝影，讓讀者更能體會緬甸的風土人情。透過作者本身對於景物的感觸，專心體驗、詳實記錄，章章篇幅皆能帶給我們知性與感性之旅，為精彩旅遊，創造難忘的回憶。

政府正在推南下政策，公司行號或企業家個人，要到東南亞投資，必先了解該國的人力資源、勞工素質，土地成本、政府的各項稅率、運輸、交通建設、供電的穩定，及周邊配套等，比起泰國、菲律賓、越南等，緬甸大概是目前臺商投資設廠較少的國家，透過本書的介紹能夠帶您進入緬甸文化的深邃境界，從文化及歷史的理解、加上深度旅遊，讓您更了解緬甸。

許勝傑

建築師
國家藝術基金會國藝之友前會長
國際扶輪 3500 地區 03~04 年度總監
金、仁寶集團董事

作者序

❀ 戰亂與佛陀之外，緬甸還有什麼？

2010 年 10 月 21 日，緬甸正式啟用新憲法確定新國旗和新國徽，並將國名由緬甸聯邦改為「緬甸聯邦共和國」，這個鎖國近半世紀的國家，在本國人民及全世界半信半疑的聲浪中突然開放了，正式向世人宣告邁向民主國家！

緬甸成了美國總統歐巴馬在 2012 年連任後第一個訪問的國家，日本副首相麻生太郎剛上任時、中國總理溫家寶 2010 年卸任前也去緬甸。緬甸已成眾所矚目的國家，然而在我們印象中，緬甸除了鴉片、戰亂、災難，還有什麼？

我很好奇地查了緬甸相關資訊，卻發現緬甸自秦漢以來即與中國互有往來，然而無論就旅遊、人文、歷史或地理而言，該國相關資訊竟意外的少，這應歸功於鎖國政策的成功，及外界對這個貧窮落後國家的漠視吧！

其實緬甸資源何其豐富，她的森林覆蓋率超過 50%，尤其緬甸柚木質堅紋美，名冠寰宇，至於礦產更不遑多讓，土地內蘊含鎢、鉛、銅、金、銀，玉石、寶石的質量更是世界第一。仁安羌油田百多年前即已開採，整個國土內含有占世界 2% 的石油，以及傲人豐富的天然氣。以前世界三大米倉是緬甸、泰國、越南，緬甸稻米產量全球第一，加上漁業資源，可謂坐擁寶山，這樣的國家理應是富裕的，然而相反的，其勞工約一天 2 美元的工資，全國三分之一的人在一天不到 1 美元的貧窮線下。緬甸自二十世紀以來，對外要面臨英國的占領、日軍入侵，以及二戰時的盟軍反攻，將日軍逐出緬甸；對內有層出不窮的種族、宗教內戰、獨裁軍政府血腥鎮壓以及長期鎖國政策，國家焉能不窮？但依我在地朋友提供的訊息，緬甸人民仍然擁有樂觀、知足的氣度，是一個富裕與貧窮，戰亂與安詳同時並存的國度，這挑起了我的好奇心，想去了解她究竟是怎樣的一個國家？

　　而了解一個陌生的地方或國家，最好、最直接的方法就是拿起相機、地圖，直接到那裡去旅行。一個能接觸在地人生活的深入旅行，應該更勝於報章雜誌的轉載，讓我們更能明瞭究竟解開了鎖國緊箍咒，沉寂了六十年的緬甸，是否真的復活了？

　　由於職業的特殊性，往往過年才有長假的我，在這兒要感謝父母的體諒，能容忍我經常不在臺灣陪他們過年。另外我很自然地要感謝妻子宗玲，她捨棄舒適享受的旅行，陪我國內外各地大街小巷浪跡天涯，然則美好的風景總在窮鄉僻壤中出現，在那兒每一處轉角都是驚豔，每一次回顧總讓人感到無比回味。我也要感謝周遭許多朋友，他們在行前總給我很多良好建議與關懷，有他們在真是美好。

陳光煒

PART 1

出發前的準備

認識緬甸

緬甸簡史

　　「緬」字為藐遠也，有遙遠之意，而郭外曰郊，郊外曰甸，「甸」在古代隱含有指郊外地方之意。所以「緬甸」的涵義是「遙遠之郊外」，這就是古代中國對這片土地的稱謂。

　　緬甸（Myanmar，舊稱Burma）有悠久的歷史，在西元前2000多年前便有人類居住，但有文獻可採信的歷史，是由七世紀文明程度較高的驃族（Pyu）開始。緬族（Bamar）原定居於雲南，唐朝時遷入伊洛瓦底江（Ayeyarwady）流域，並逐漸取代當地驃國和孟族（Mon），成為緬甸的主體民族。但緬甸仍有撣族（Shan）、克倫族（Kayin）、若開族（Rakhine）等許多少數民族，故緬甸一直是由各族分裂建國，直至蒲甘王朝（Bagan）的建立（849~1287年）才成為緬甸史上第一個統一的王朝，也是現今緬甸的基礎。

　　緬甸曾稱臣於中國宋朝，又因受蒙古忽必烈的進攻而導致蒲甘王朝瓦解。其後歷經勃固王朝（Bago）、阿瓦王朝（Ava）、東吁王朝（Taungoo），乃至最後的貢榜王朝（Konbaung）。十九世紀緬甸曾與英國發生三次戰爭，戰敗後被英軍占領，並規劃為印度的一個省分。1937年印緬兩國分治，緬甸成為英國直屬殖民地；1942年緬甸在日本策動下宣布獨立，其後反被日本占領，直至二次大戰後又重返英國統治。1948年，緬甸終於脫離英國六十多年的殖民統治，正式宣布成立緬甸聯邦。隨後緬甸進入軍政府統治期，歷經長久的內亂、封閉、鎖國，導致國家貧困落後，近來因國內民主運動風起雲湧，緬甸軍政府遂於2010年10月21日宣布正式啟用新憲法、確定新國旗和新國徽，並將國名改為緬甸聯邦共和國，邁向民主國家。

✵ 地理位置

　　緬甸位於中南半島西部，是中南半島上面積最大的國家。東鄰寮國，東南銜接泰國，東北則與中國為鄰，西北方和印度、孟加拉相接，西南方則面臨孟加拉灣與安達曼海，具有戰略上重要位置。由臺灣搭機前往約需 *4.5* 小時，當地時差慢臺灣 *1.5* 小時，如臺北時間早上十一點時，為當地時間早上九點半。

✵ 行政區劃

　　緬甸行政區劃為 *7* 省（原稱 *Division*，*2009* 年後改稱 *Region*）：仰光（*Yangon*）、勃固、曼德勒（*Mandalay*）、馬圭（*Magway*）、實皆（*Sagaing*）、伊洛瓦底及德林達依（*Tanintharyi*），主要人口為緬族；另有當地的少數民族構成的 *7* 邦：孟邦、撣邦、若開、欽邦（*Chin*）、克欽、克耶及克倫；舊都為仰光，*2005* 年改設奈比多（*NayPyiDaw*）為首都。

緬甸種族

緬甸約有 5,500 萬人，其中緬族占總人口 68%，其他主要的少數民族為撣族（9%）、克倫族（7%）、若開族（3.5%）、華人（2.5%）、孟族（2%）、克欽族（Kachin，1.5%）、克耶族（Kayah，0.75%）以及其他原住民民族（4.5%）。

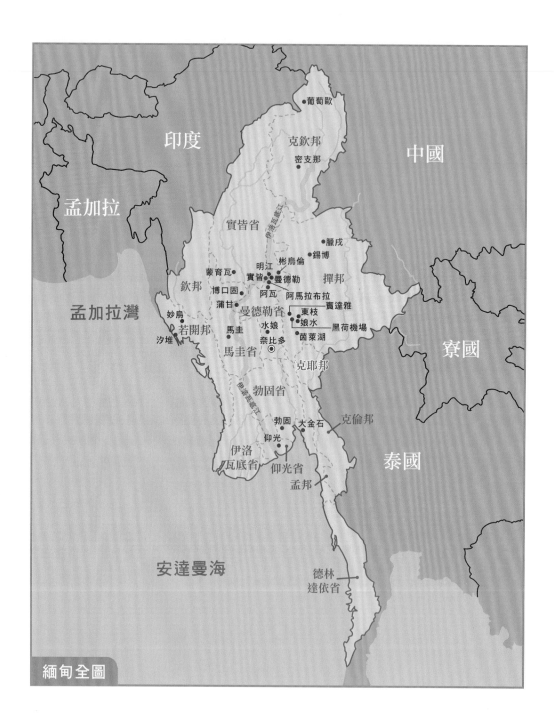

緬甸全圖

❀ 氣候

　　緬甸為亞熱帶型氣候，5 月至 10 月為雨季，溫度約攝氏 28 度，但仰光降雨更多，溫度會較低一些，此季節是旅遊淡季，須備雨具。11 月至隔年 2 月較涼爽，是旅遊旺季，這時溫度約攝氏 25 至 28 度，但至山區仍需有禦寒外套。3 月至 5 月為熱季，其中 4 月最熱，溫度甚至達攝氏 35 至 40 度。

❀ 宗教文化

　　緬甸以上座部（舊稱小乘）佛教立國，約 89% 人民信奉佛教，緬甸男子一生中至少要出家一次，為期 7 天以上。緬甸人民相信建造佛塔是積功德，因此全國各地無論大小地方均有佛塔、寺院，所有人進入佛塔、寺院，均須穿著長度過膝的褲子或裙子，並且脫掉鞋襪以示尊重，因此攜帶一雙穿脫方便的拖鞋或涼鞋至為重要；由於酷熱陽光下地板滾燙，故清晨或傍晚到佛塔、寺院參觀較為理想。

　　在緬甸，僧侶具有崇高地位，機場候機室甚至有僧侶候機專區，故遊客對僧侶必須抱持敬重之心。另外，緬甸人相信頭頂為神明出入地，因此切記不可隨意撫摸他人頭頂。

❀ 旅遊重點與特色介紹

　　緬甸旅遊具多樣性，可於東北邊從事登山叢林活動，也可於西邊從事海上活動，或搭乘貫穿緬甸伊洛瓦底江上的遊輪。此外，緬甸擁有世界上密度最高的寺院與佛塔，故參觀寺院、佛塔、古蹟幾乎成為主要景點。

　　緬甸較有名的特產為當地傳統服裝籠基（*longyi*），及玉石、漆器（*lacquerware*）、蓮絲布等。籠基幾乎各地都買得到，也可於曼德勒或蒙育瓦市（*Monywa*）近郊的傳統織布店購買，會比較便宜；玉石在仰光寶石博物館一樓有販賣專區，此外仰光翁山（*Aung San*）市場或曼德勒玉市場均可買到；漆器較有名的地方是蒲甘及蒙育瓦市近郊喬卡村（*Kyaukka*），蒲甘漆器較華麗，喬卡村的較樸質、有藝術性；蓮絲布則只在茵萊湖（*Inle Lake*）有販售。

行前準備

❀ 護照與簽證

　　緬甸申辦緬甸簽證相關訊息可參考緬甸駐香港總領事館網站，如果自己到緬甸駐香港總領事館辦理，觀光簽證費用為港幣 320 元，商務簽證為 390 元。也可委託國內旅行社代辦，惟目前國內旅行社，一般都是再委請指定的香港旅行社向緬甸駐香港總領事館辦理，時間需 5 個工作日以上。申請人須在簽證發出日 3 個月內進入緬甸，旅遊簽證 28 天，該類簽證不可延期。商務簽證 70 天，可擴長至 12 個月。申請簽證需準備：身分證影本、三個月內之彩照 2 吋 1 張、護照正本（效期 6 個月以上）、臺幣 1,600 元的費用。

　　另外也可至緬甸移民署網站辦理線上電子簽證，費用為觀光簽證 50 美元，商務簽證 70 美元，需三個工作日，出國時需將電子簽核准函印出帶在身上，於通關時出示給海關。

INFO

香港總領事館
myanmar.e-consulate.org

緬甸移民署電子簽證
evisa.moip.gov.mm

❀ 機票訂購

　　緬甸有三座機場：仰光國際機場（RGN）、奈比都國際機場（NYT）、曼德勒國際機場（MDL），但以仰光國際機場（RGN）進出最為方便。目前臺灣只有華航直飛仰光，除了周五、周日無航班外，其餘每天有班次，航程約 4 小時。如不考慮直航，還有其它許多選擇，如可搭馬航經吉隆坡轉仰光、搭泰航經曼谷轉仰光、搭新航經新加坡轉仰光。

✿ 住宿安排

　　可以直接與旅館業者訂房，也可查詢住宿點資訊再請旅行社代訂；緬甸旅遊業至今發展尚不完善，自己訂房有時反而比經由旅行社代訂來得貴。無論自己訂房或委請旅行社代訂，均需反覆地確認，尤其 *10* 月至隔年 *3* 月的旅遊高峰期更需如此，緬甸四星級以下旅館經常會在額滿時，不須任何理由即逕行取消旅客訂房，圖以更好的價格轉賣給其他旅客。旅館資訊可至緬甸旅遊官網「*Ministry of Hotels & Tourism, Myanmar Tourism*」查詢（*P021*）。

1 仰光市一般中小型飯店
2 仰光市五星級飯店

當地交通概述

緬甸各城市間的交通，有飛機、火車、巴士、鐵路與船運，依城市不同而有不同的選擇。整體而言還是以大巴士為主，*JJ Express* 和 *Elite Express* 是緬甸高級長途巴士的代表，依路程長短有不同票價，約在 *10~20* 美元。可至他們官網查詢及訂票（*jjexpress.net*）。

緬甸國內的飛機航線也相當發達，包括：緬甸國航（*Myanma Airways*）、曼德勒航空（*Air Mandalay*）、仰光航空（*Air Yangon*）、蒲甘航空（*Air Bagan*）等，但經常誤點，甚至提早起飛，其票價約為大巴士的 *5* 倍。

仰光、曼德勒、蒲甘、臘戌間有鐵路，外國人觀光客價約 *30* 美金，此為當地人 *10* 倍價。鐵路行程慢且不舒服，班次不準時是常態，通常不太建議。往返伊洛瓦底江邊的城市，則有船運可搭。

至於市內短程交通的部分，只有仰光和曼德勒才有市內公車，因此大多時間都得靠包車或租用機車、馬車、腳踏車等交通工具，日租腳踏車約 *1,500~2,000* 緬幣／天，摩托車約 *9,000~15,000* 緬幣／天 。

在大城市還可以利用手機軟體叫車服務，緬甸在 *2017* 年有三家公司：*Oway Ride*、*Grab*、*Uber*，將來還有印尼叫車服務巨頭「*Go-Jek*」會駐進緬甸。這些叫車服務公司目前主要在仰光和曼德勒提供服務。*Oway Ride*，隸屬於緬甸在線旅行社集團，已經營運 *2* 年，*Grab* 為總部在新加坡的美國公司，與 *Uber* 都是 *2017* 年才加入的手機軟體叫車服務，但 *Uber* 於 *2018* 年 *3* 月被 *Grab* 併購現已退出東南亞市場。目前由於緬甸手機軟體叫車服務還不夠成熟，司機回復速度會較慢，有時偶會出現喊價的問題，往後更成熟後，當可避免以往外國人被路邊計程車司機坑車資的情況。叫車服務費用為基本費 *1,500* 緬幣，每分鐘加 *40* 緬幣，每公里加 *225* 緬幣。

INFO

Grab 在緬甸的官網

grab.com/mm

❀ 網路與行動通訊

　　緬甸 *Wi-Fi* 尚不普及，大致上大型飯店和高級餐廳才有，但速度不快。臺灣各家的通訊商都可在緬甸做手機漫遊。緬甸 *2013* 年開始開放外資申請作行動通訊執照，至 *2017* 年有三家電訊業公司：與日商株式會社 *KDDI* 和住友商事株式會社合作的國營緬甸電信公司 *MPT*（*Myanmar Posts & Telecommunications*），卡達 *Ooredoo* 及挪威 *Telenor*。這些公司的 *SIM* 卡在機場或大城市的通訊行都買得到，三家的收費相差不多，以 *MPT* 的 *SIM* 卡稍貴，但涵蓋範圍較均勻。每家都會有不定期的促銷方案，遊客可依自己使用習慣及停留時間的長短來做選擇。例如 *Ooredoo SIM* 卡 *1,500* 緬幣，*2G* 流量為 *3,000* 緬幣，加購 *30* 分鐘通話費電話 *1,000* 緬幣，共 *5,500* 緬幣，期限為一個月。整體來講，大約可用 *2* 緬幣／ *1MB* 來推估。如果習慣上網吃到飽的遊客，可於出國前在臺灣網購如 *CT* 亞洲上網卡（菲律賓／寮國／柬埔寨／緬甸／印度）等卡，這些卡於適用國家有不同天數的吃到飽方案。

❀ 行李打包

☐ **防曬用品**：因氣候炎熱，需攜帶防曬乳（油）、太陽眼鏡與輕便衣物。

☐ **防蚊用品**：長袖衣褲、防蚊液，甚至蚊帳，可預防蚊蟲叮咬。

☐ **衛生用品**：當地路況不好，常有大量沙塵，口罩也有其必要性。當地許多旅館並不供應拋棄式盥洗用品，牙刷需自備。由於鄉間衛生狀況較差，建議攜帶溼紙巾、含酒精紙巾及乾洗手，以便隨時擦拭手臉及碗筷。

☐ **電器用品**：緬甸電壓 *220 V ／ 50 Hz*，電源頭為兩孔圓腳插頭，與臺灣不同，需攜帶旅行用電壓轉換器。全國供電不良，照明不佳，連許多地方型飯店都限時供電，故從事夜間活動時自備手電筒較安全。

☐ **入境隨俗**：需準備長度過膝的褲子、裙子及方便穿脫的鞋子，以遵照當地民俗進入寺院、佛塔。

電壓變換器

□ **緬幣：**緬幣的單位為 *Kyat*（*K* 或 *MMK*），信用卡除大飯店或商店外目前尚不普及，一切交易以現金為主，現最多可攜帶 *1* 萬美金等值外幣，在臺灣無法兌換緬幣，可於緬甸機場先兌換少許緬幣，再至市區飯店、銀行或緬幣兌換處兌換，如此可獲較好匯率。一般銀行營業時間為周一到周五 *9:30am~3:00pm*。

匯率

1 美元 = 1360 緬幣，1 臺幣 =45.04 緬幣

注意：匯率為浮動值，出發前請多加查詢

緬幣：5,000 元正面

緬幣：5,000 元反面

緬幣：200 元正面

緬幣：200 元反面

❀ 旅遊安全須知

　　緬甸雖然民主開放了，但許多區域仍然不安定，例如若開邦伊斯蘭教徒與佛教徒間嚴重宗教動亂，以及克欽邦少數民族戰爭，這些資訊可透過外交部領事事務局的國外旅遊警示分級來查詢。

　　其實國際旅遊，尤其是自助旅行，具有不同程度的風險，其風險主要和旅行的地點、內容有關。故旅遊前對於前往地點的政治、社會穩定度，以及自身的健康需有周詳的評估，即使個人自身健康狀況不錯，但如所到之地公共衛生不佳、醫療資源不足，也會使自己陷入健康的風險。緬甸與我國並無邦交，我國在緬甸也未有任何聯絡處，與緬甸相關事務只能由我國駐泰國臺北經濟文化辦事處兼理，這會造成發生狀況時後備支援的困難，故前往旅行前詳細的規劃更屬必要。

> **INFO**
>
> **外交部領事事務局**
> 網址：boca.gov.tw/mp.asp
>
> **我國駐泰國臺北經濟文化辦事處**
> 網址：taiwanembassy.org/TH
> 電話：（66-2）670-0200；（66）816-664-006（非上班時間或需急難救助時使用）

傳染病安全的評估與預防

　　緬甸城鄉差距非常大，瘧疾、A 型及 B 型肝炎、登革熱、霍亂、麻疹、禽流感這些東南亞國家易發生的傳染病，前往緬甸時都需注意。相關資訊可上衛生福利部疾病管制署查詢。

　　預防霍亂、A 型肝炎，小兒麻痺症，需注意飲水及食物的衛生，最好不要買路邊攤販賣的食物，盡量吃熟食、熱食、喝瓶裝水及勤洗手，如到衛生不良的鄉間，建議自備杯、碗、筷子，甚至乾糧，正餐在旅館內進食較安全。而預防麻疹、德國麻疹、禽流感這些經由飛沫傳染的疾病，最有效的方法就是接種疫苗，並且需避免到過度擁擠、通風不良的場所。此外，預防 B、C 型肝炎，則需避開不當性接觸或血液傳染。多數疫苗在施打完後一段時間，才會在體內產生有效的免疫反應，另外有些疫苗則必須在幾天或幾個星期給予一系列的接種，故至少應於出發前 4 至 6 周向旅遊醫學門診或相關的醫療專家諮詢注射疫苗的必要性。

　　大多數的孕婦可以安全搭機，美國婦產科醫學會建議除特殊狀況外，孕婦在妊娠 18 至 24 周可安全旅行，WHO 也建議初產婦妊娠 36 周前均可搭乘飛機，然而孕婦要注意的是，並非任何傳染疾病疫苗均可施打，瘧疾盛行區也絕對不適合懷孕婦女前往，但如果無法避免到瘧疾區，則需考慮服用瘧疾預防性藥物，但並非每種瘧疾預防性藥物都適合孕婦服用，因此，孕婦不管在施打疫苗以及預防性投藥，一定需要經由醫師諮詢進行評估，再決定是否前往緬甸旅遊。

不可不防的瘧疾

　　瘧疾感染在緬甸是個大問題，我的朋友告訴我：「緬甸什麼醫療都不行，但治療瘧疾最在行。」雖是一句玩笑話，但也可明瞭瘧疾在緬甸的猖獗。瘧疾是透過具傳染能力的瘧蚊叮咬導致，因此避免蚊蟲叮咬是預防瘧疾的最基本原則。注意事項如下：

- 盡可能避免在黃昏以後到黎明之間的這段時間外出。
- 戶外盡量著淺色長袖衣物、長褲，露出部分則塗抹防蚊用品。
- 留意住宿場所的衛生條件與是否有紗窗與蚊帳，及其是否有破損情形。建議可自備輕便蚊帳、殺蟲劑，以備不時之需。

　　此外，出國請前往醫院進行預防性投藥的諮詢。由於預防性藥物通常在出國前就必須開始投予，所以應於出國前一個月先向旅遊醫學醫師諮詢，評估感染之風險以及預防性投藥的必要性。但即使正確使用預防用藥，也不能百分之百的預防瘧疾，只能降低感染的風險，個人的防護措施仍是最重要的。

INFO

衛生福利部疾病管制署
cdc.gov.tw

衛生福利部疾病管制署各旅遊醫學門診合約醫院據點及服務班表
goo.gl/Jf3RAZ

✿ 行程規劃

到緬甸的行程規劃完全視個人喜好及健康狀況而定，一般可分冒險、文化遺址探索、自然生態觀賞的行程，也可依各人前往的地點規劃，這些規劃可以完全自主或與緬甸當地旅行社洽談。

緬甸有 *1,026* 家持牌旅行社，但只有部分有能力排行程。這些都可在緬甸旅遊官網中獲得相關資訊，尤其觀光局網站可下載「緬甸旅遊發展總體規劃」（*Myanmar Tourism Master Plan*）整本冊子，當中有詳盡介紹，即可由此網站內的許多分頁獲得行程及旅行社資訊，當中甚至詳細介紹緬甸各地的特殊節日及慶典。

在緬甸，旅行團（*Package Tours*）和外國「散客」（*Foreign Independent Travellers*，*FIT*）至很多地方旅遊都有重重限制，故在規劃行程時需避開或事前先申請許可，例如到紅寶石產地蒙戈（*Mogoke*）、克欽邦、葡萄歐（*Putao*），以及經若開邦前往接近欽邦的喬克托區（*Kyawk Taw Areas*），就須取得許可。又如到北撣邦邊界木姐（*Muse*），即使組團前往也必須事前申請，其他如從中國或泰國邊境入緬甸，當然也須取得許可且只能在限定的地點停留。緬甸有旅遊限制的地方、需事前申請許可的方法及各景點門票費用，同樣可於緬甸旅遊官網中查詢。

INFO | **緬甸旅遊官方網址**
myanmartourism.org

尋找導遊

導遊可依個人喜好及所需溝通語言，委請緬甸當地旅行社代為尋找，也可透過網頁自己挑選，配車導遊約 *100* 至 *150* 美元／天，視車況及行程遠近而定，需議價。

目前緬甸約有近 *4,000* 位導遊，其中英語導遊最多，約占 *6* 成，其次分別為日語、法語、德語、華語導遊，在緬甸旅遊官網中，擁有執照的導遊，姓名、執照號碼、使用語言、住址，甚至電話都有登錄。可經此挑選合適的導遊，先行聯絡並討論行程，要注意的是導遊是要全程參與，或是一個區域一個？都需事先想好，如要同一導遊全程參與，則需額外負擔導遊的交通費用，如飛機票費、船舶費等，花費會較多。

PART 2

緬甸南部
仰光省、孟邦、勃固省

迅速蛻變的緬甸舊都

仰光省仰光市 *Yangon*

位於仰光省的仰光市為緬甸第一大城，原為首都，但緬政府已於 2005 年 11 月 6 日遷都至奈比多。

🉑 第一次邂逅

2010 年，緬甸軍政府正式啟用新憲法確定新國旗和新國徽，向世界宣告這個國家開始邁向民主，接著，2012 年 5 月 14 日南韓總統李明博訪問緬甸，這是 29 年來南韓總統首次訪問緬甸；美國總統歐巴馬也於 2012

仰光許多建築充滿英國殖民時期色彩

年 11 月 19 日抵達緬甸訪問，允諾撥付鉅額的發展援助款，同時重啟 20 年前關閉的「美國國際開發總署」緬甸辦公室。這些都似乎告訴我們這個鎖國半世紀的國家，正在轉變同時也正吸引著世界的目光！

在行前，一些往來於緬甸的朋友告訴我這國家正以超乎想像的速度在蛻變，而這提示在飛機還未降落仰光機場時我就體驗到了；一個月前護照寄到香港辦簽證時，還被簽證處叮嚀只能帶 2,000 美元，然而在機上填寫入境報關時才得知現已悄然改為可攜帶 1 萬美元。

　　仰光機場不大，這是在我預期中，然而讓人吃驚的是，移民官的桌前竟然大剌剌的擺著三星產品廣告迎接入境旅客，令人感覺這種商業行銷未免太離譜，出關後見到大廳豎立著一看板，上面寫著：「緬甸人民友善、熱心助人、有禮貌」。我不禁想著：「那緬甸政府官員呢」？

　　在車子開往仰光市區的路旁，到處林立著大型的投資看板，一個看板上寫著「緬甸 Go，Goal，Gold！」這些都一再的暗示我們，緬甸，無論就投資或旅遊而言，都是冒險家的樂園。

❀ 沒有新聞的緬甸

　　「資訊上說這兒美鈔要全新才收，不准有皺摺？」我問導遊。

　　「不對，8 個月前政府已告知民眾，新舊美元都要收。」導遊說。

　　「聽說買屋等大筆費用，都是用現金，點錢用秤的，1,000 緬元一張重 1 克，500克即 50 萬。」我接著問。

　　「買賣用現金沒錯，但點錢用秤的那是以前，現在用啪啪啪點鈔機了。」導遊說著。笑了一笑又接著說：「緬甸沒有新聞，所有的消息馬上變舊聞，這兒變得太快了。」

　　這是一個快速變化、幾年不見，就教人認不得的城市，當初導遊對使用點鈔機進行現金的買賣很得意，可能他也沒意料到幾年後連和尚都在趕著辦信用卡。於是當時我發現我的資訊真的變舊聞了，大家都說此地車牌不用英文及阿拉伯數字，是全世界唯一不用阿拉伯數字做車牌的國家，但來此 6 個月前政府允許改用，現已可見到掛著阿拉伯數字車牌的車子到處跑，原本被笑稱到處是古董車的仰光，開放後牌照稅大幅下降，關稅只剩一半，車價只剩以前的 1/10，導致一年車子增加 15 萬輛，現在除了公車外，我所見到的車陣景象幾乎與臺北市沒兩樣。

　　我之所以用「幾乎」一詞，主要是因為仰光的車雖然是靠右駕駛，奇特的是駕駛座竟然有在右手邊也有在左手邊，司機也都順順的開著。導遊解釋：「這都是戰後留下的車子，然後又進口日本及中國二手車子，反正那時大家有什麼就開什麼。」

　　除了小汽車外，仰光街頭也常可見到一些小卡車，這些小卡車載人也載貨，車後方都加了一塊板子供乘客站立之用，以便多載些人，甚至有人坐在車頂或貨物上頭，看似驚險，但他們卻嬉笑自如。比起街頭的小汽車，仰光公共汽車就顯得老舊了，唯一共

同點就是車門都不關，且引擎箱門也都大大開著，據說這是因為仰光天氣熱，這樣有通風散熱的作用。然而這些紛亂雜陳的現象，在緬甸政府宣布禁止右駕車進口、公車統重整、新車一律左駕後，幾年後終將消失。

　　仰光的大樓並不多，但車子行經處卻到處可見圍起來的工地正在蓋大樓，依地基估應該是超高樓層。導遊指著一處工地，「這是在蓋飯店，開放後這幾年商人遊客多湧進來，房屋奇缺，現在整個仰光就如同大工地一般，到處在建屋。」由於供需不平衡，造就了仰光房地產這幾年漲了好幾倍，屋子的租金和美國紐約相當。

　　而此時有點塞車了，導遊對著如流水般的車子，喃喃說道：「仰光市民最近才了解什麼叫塞車。」我突然驚覺的問，「為何沒摩托車、腳踏車？」對於擁擠或剛起步的城市，摩托車或腳踏車往往應該在街道四處穿梭才對。導遊答道：「仰光郊區可以，但仰光市內是禁止的。」接著說：「因為 1988 年民主運動後，官員怕被謀殺所以禁止。」缺少摩托車或腳踏車穿梭的街道，使得交通繁忙而不凌亂，軍政府因怕死而下的命令，也許意外的給仰光帶來了好處。

　　望著兩旁斑駁的矮樓房，對照著不遠處的紅色、白色的英式殖民建築及眼前的新大樓，展現出新舊古典與現代的雜陳，我想，這就是仰光了。

民主開放真是不歸路？

　　當我們走路閒逛仰光市時，可發現電線桿、電線及屋簷上布滿鴿子及烏鴉，烏鴉對緬人來講是一種吉祥物，所以他們就任這些鳥類在城市自由生長，馬路旁的人行道上滿是賣蔬果、小吃與雜貨的小攤，十分擁擠，這種景象在翁山市場附近尤其明顯。最讓我注意的是賣書報雜誌的小販攤位，報攤上展式各樣雜誌，除了這幾年解禁的翁山蘇姬（Aung San Suu Kyi）書報外，最常見的便是英國作家喬治‧歐威爾（George Orwell）的《緬甸歲月》（Burmese Days），甚至我還在幾處看到架上光明正大擺著他的《動物農莊》（Animal Farm）和《一九八四》，這些書都是以劣質紙列印的盜版書，不過也不能太苛責，畢竟幾年之前，這些在緬甸還是禁書呢！

1 車門、引擎箱門都不關的仰光公車
2 仰光市就如同大工地
3 仰光市政廳

　　《緬甸歲月》描寫 1920 年代時，歐威爾在緬甸擔任 5 年帝國警察期間的事；《動物農莊》則描寫一群豬推翻農民，改為自行經營農場，最後卻招致失敗毀滅；《一九八四》則描寫一個極權統治的政黨，如何無所不用其極的箝制人民。歐威爾於 1950 年過世，這三本書在他有意或無意間，竟活生生的描述出一部緬甸近代史，也難怪當初軍政府要把它們列為禁書，如今報禁解了，書本登記檢查免了，緬甸看似朝民主邁進，但這種現象能持續嗎？還是曇花一現？我的一位緬甸在地朋友，引用最近才被釋放出獄的緬甸諧星「扎甘納爾」（Zarganar）說的話，當時記者問扎甘納爾：「有關總統登盛（Thein Sein）對於民族和解所做的努力，你有何看法？」

　　「這有如在一個癱瘓的老女人身上運用化妝術，並強送她到街上。」扎甘納爾如此回答。扎甘納爾的觀點是一個制度如果不從根本改造，無論多費心去粉飾它，讓它表面看起來像民主，但它仍然是一個破碎的獨裁軍事制度。「都是舊瓶新裝吧！」朋友感慨的說。他接著告訴我，扎甘納爾另一椿讓大家津津樂道的事。有一次扎甘納爾被政府帶走調查，在警察局時警察讓個座位給他坐，他回答：「謝謝，但我不想坐下來，因為一旦坐上椅子，我就會不想放棄座位。」以此暗諷當時的軍事強人奈溫（Ne Win）將軍。

　　「扎甘納爾是怎樣的人？」我問。他告訴我扎甘納爾是僅次於翁山蘇姬，對緬甸人影響最大的人，扎甘納爾本來學牙醫，不過很快地發現脫口秀才是他人生的志業。他認為牙醫一次只能讓一個人張口，脫口秀卻能讓一群人開口，於是毅然轉行當脫口秀演員。他的藝名為「鑷子」，就是希望能如鑷子般拔除人們心中的恐懼；他曾說，亂世裡流竄得最快最猛的，一是恐懼，另一便是笑話，於是他就利用這項利器，笑話，盡情地嘲諷在無能軍人統治下緬甸人民生活的無奈與荒謬，以下即為一例：

美國人說：「我們國家有一個瘸子登上了珠穆朗瑪峰！」

英國人不甘示弱的說：「我們國家有個獨臂人橫渡了大西洋！」

緬甸人說：「這算什麼，我們國家有個主政 18 年的統治者沒有大腦！」

對於扎甘納爾的這類嬉笑怒罵，軍政府的回應是於 2008 年判處他 59 年監獄徒刑。他雖於 2011 年被釋放，但重獲自由後，仍繼續嘲諷和反抗。

我的朋友憂心的告訴我，新憲法中有所謂〈翁山蘇姬條款〉，那就是總統需有 25 年軍旅經驗且親屬不得有外國籍，基於此，他認為翁山蘇姬即使獲得絕大多數人民擁戴，但要參選總統？他搖搖頭，接著又說：「軍方掌控 50 年，這中間多少利益糾葛，多少國庫通家庫……唉！」這是緬甸一般民間對開放改革的看法，既期待又憂心忡忡。

❀ 熱門觀光景點：翁山蘇姬舊居

翁山蘇姬在 1991 年獲得諾貝爾和平獎後，她的住所已成為一觀光景點，是許多歐美遊客到仰光必訪之處，當車子行經一宅院前，導遊告訴我們這便是翁山蘇姬住所。「現在比較鬆了，我可以帶你們來，以前我們導遊都要受訓，被告知什麼可以對遊客說，什麼不可以說；什麼地方可帶遊客去，什麼地方不可。」接著正容道：「在翁山蘇姬被軟禁期，這兒整條路被鐵絲網封鎖長達半公里，人車完全不得進入。」

翁山蘇姬的父親翁山（Aung San）將軍，帶領緬甸爭取獨立時於 1947 年被謀殺，多年留居英國的翁山蘇姬因為媽媽生病而回到緬甸，在緬甸期間，她目睹學生與僧侶在街頭為爭取民主而流血，體會到緬甸人對她父親的懷念，於是投入民主運動，爾後遭到軍方軟禁。英國籍先生對翁山蘇姬充分支持，多方奔走搶救，將她的遭遇透露給國際媒體讓世人注意；翁山蘇姬因而獲得諾貝爾和平獎，保住性命，但先生罹癌臨終時，她卻因政治因素無法見最後一面。

那兩扇緊閉著的灰色大鐵門，兩邊接著是兩公尺高且有帶刺鐵網的圍牆，就這樣把宅院圍攏在裡頭，由外頭觀之，除了綠鬱蒼蒼的大樹外什麼也見不著。「這大鐵門能有多重？竟讓人費了 20 年的工夫才打開。」我望著鐵門上高懸著的翁山將軍肖像，不禁這麼想著。

這時一位帥氣的老外走近我身旁，要求我幫他在掛於門柱、由翁山蘇姬領導的全國民主聯盟（NLD）布條下拍個照，之後由於這兒不是公車路線，因而我們就順道讓他搭個便車回市區，閒聊中我得知他來自瑞典，是個讀商業設計的大學生，利用在學期間請假周遊東南亞三個月，原來是讀設計的，難怪我幫他拍照時竟被要求重拍達四次之多。

「爲何選擇東南亞？」我問。

「因爲這些國家才在起步，保留很多歷史原來風貌。」他不加思索立即答道。

尋求歷史原來風貌，這不也是我來此的目的？這個被軍事獨裁五十年，遭受歐美抵制，猶如世界孤兒的國家，就如同一個大冷凍庫，把歷史、時光凍結了，這兒幾乎隨處可見你我兒時記憶的重現。

接著我們就前往 NLD 去應個景，這個黨在 1990 年的人民議會選舉，以超過 60% 的選票贏得超過 80% 的國會席位，然而這次選舉結果隨後被軍政府宣布無效。2011 年 12 月 13 日，NLD 獲准重新登記爲合法政黨，也因此導遊敢帶我們造訪。NLD 總部外掛著翁山蘇姬穿著緬甸傳統籠基的海報，兩旁樹幹上張貼著 8888 民主運動的血腥看板；1988 年 8 月 8 日，緬甸軍武裝鎮壓了民眾對於經濟不振和政治迫害不滿的抗議活動，軍隊朝遊行示威者開火，造成 5,000 人死亡。總部外有大批支持者，爭先恐後地購買印有翁山蘇姬圖像的 T 恤衫和鑰匙圈，裡面除了幾張辦事桌外也販賣翁山蘇姬相關雜誌與書籍。在兩年前這樣的行爲會遭受逮捕入獄的，但誰又敢斷言這次民主改革的列車，能開多遠？多久？多快？

我總覺得緬甸的過往和臺灣有些雷同，緬甸人民歷經英國殖民時期及軍人政府強權統治，現在則努力爭取自由民主，臺灣不也經歷日本統治、強人政治及爭取民主的辛酸過程，大家所期待的不過是能自由表達意見的訴求，詩人巫永福的作品〈遺忘語言的鳥〉，也許最能表達彼時的臺灣及現在的緬甸。

　　頑固的心，遺忘了一切，

　　遺忘了自己的精神習俗和倫理，

　　遺忘了傳統的表達語言，

　　鳥，已不能歌唱了，

　　什麼也不能歌唱了，

　　被太陽燒焦了舌尖。

1　翁山蘇姬住宅大門

2　遭受鎮壓的 8888 民主運動海報

3　翁山蘇姬相關書刊已可公開販售

4　NLD 內部

5　NLD 總部

❀ 信仰與民主重鎮：大金塔 Shwedagon Pagoda

　　大金塔是所有到緬甸旅遊的人不可錯過的地點，她因 66 噸黃金造成的塔身，塔頂鑲有 76 克拉巨鑽，周圍圍繞有 7,000 多顆鑽石與寶石而享譽全球，任何人進入塔的周邊一律必須脫掉鞋襪，並經過電子儀器搜身，戒備森嚴。

　　緬甸人稱瑞大光塔，「瑞」在緬語中為金的意思，大光則為仰光古稱，意指無敵人、和平。大金塔高度近 100 公尺，是當今世界上最高的佛塔，依據學者研究原型應是由孟族於六至十世紀所建；塔周環立 64 座小塔、4 座中塔，陽光照耀下形成燦爛奪目的金色塔林。緬甸人以星期幾出生來敬拜相對應的 8 個生肖：鵬鳥、虎、獅、有牙象、無牙象、鼠、天竺鼠、龍，代表周三上、下午及其他六天，所以大金塔的正八邊形基底每一角都設有這 8 個生肖的守護神和佛龕。

　　傳說中，約在 2,500 多年前，仰光兩位富商之子因聽聞印度鬧饑荒，於是運了一船大米前往賑災。到印度時適逢佛陀成道說法，二人將帶來的食物供養佛陀，並接受佛陀教法，回國時求得 8 根佛陀頭髮帶回仰光，並建此寶塔加以供奉。此塔初建時只有 18 公尺高，往後歷代王朝均加以修建，1453 年登基的勃固王朝信修浮女王（Shinsawbu）更供奉相當於她體重 88 磅的黃金貼於佛塔，自此開始有將佛塔、佛身鍍金的習俗。直

至 *1774* 年，貢榜王朝辛標信王（*Hsinbyushin*）再次整建，並將塔身增高至 *99* 公尺，他同時再用等同自己體重的 *171* 磅黃金塗飾塔身，以後亦陸續有人以黃金塗飾修建、供奉寶石，因而造就了現今舉世聞名的大金塔。

進入塔內時我發覺大金塔比想像中更美，在陽光照射下的大金塔金光閃閃，顯得雍容華貴，我的第一個感覺是，大家都說緬甸窮，但以緬甸人對佛寺的投入，他們真可謂是睡在金磚上的窮人。當我仰望那聳入雲端的塔身，環顧著圍繞於周圍的金色塔林時，隨即感受到一股莊嚴肅穆的氛圍，此時內心自然而然的充滿祥和，彷彿身邊的一切都可放下。當我正納悶為何這麼廣大的佛寺地面竟可以保持如此乾淨時，就看到一堆信眾排成一列，手中都握著拖把，旁邊一人發號施令，一聲令下大家整齊一致往同一方向打掃，這樣的行為完全出於自發，據說一天要好幾次，而且須排隊等候呢。

1852 年英軍占領緬甸時，大肆洗劫大金塔周邊佛塔珠寶，並試圖運走大金塔中的大鐘，結果在碼頭沉入河底，緬人咸信此乃佛祖顯靈。正因為緬甸人民對大金塔無比的崇敬，無怪乎翁山蘇姬的父親翁山將軍，以及翁山蘇姬本人均選擇在此發表民主重要演說，自此大金塔已被視為緬甸民主精神的堡壘。

大金塔
位置：位於 U Wisara Rd. & U Htaung Bo Rd. 交會口
開放時間：4am~10pm
門票：8 美元

4

1-2 陽光下金光閃閃的大金塔
3 自願為大金塔清理地板的信眾
4 夜幕下的大金塔

✿ 緬甸庶民生活

　　當我們經過一嶄新的政府機關門口時，見到一隨風搖曳的黃、綠、紅三橫條旗幟，這是緬甸 2010 年製訂的新國旗。緬甸原本的舊國旗是有一代表工業的齒輪，外圍 14 顆星代表 7 省 7 邦，中間稻穗則代表緬甸是世界三大米倉之首，諷刺的是經過 50 年的鎖國，這三大米倉之首如今被聯合國列為極低度開發國家，全國 1/3 的人生活在一天不到 1 美元貧窮線下。新旗的黃色則代表團結，綠色代表和平，紅色象徵勇敢與決心，中間的大白星表示聯邦永恆不墜之意。

　　而就在這政府機關不遠處的街道旁，可發現一整排的小攤販，他們在人行道上擺著塑膠小茶几，茶几上擺著四只茶杯，茶杯上再放置一個鋁製茶壺，人們坐在小攤低矮的小板凳上吃東西、喝茶、聊天，這種街景充斥整個仰光，街道兩旁的人行道已經不僅僅是用來通行的，而像是一個巨大的公共活動茶室，因受英殖民時期的影響，緬甸人喜好喝奶茶，但店家內販售的奶茶對於一天所得 2 至 4 美元的勞工庶民而言太貴了，這種小攤無疑是他們最好的咖啡廳。

　　整個仰光市建築都不高，除了幾條幹道外少有路燈，因此仰光市的夜空是黑濛濛的，沒有美麗的天際線，這得歸咎於緬甸基礎建設的落後，其中以電力供應不足最嚴重。

　　緬甸從工廠到飯店平均一天停電 1 小時，飯店商家需自備發電機，在大飯店、集合住宅以及絕大多數企業外頭，經常可見龐大的發電機，一天 24 小時不斷發出轟隆聲響，雖然仰光的電力供應比緬甸其他地區來得穩定多了，但還是會有停電的時候，例外

1 新國旗 VS. 舊國旗
2 仰光庶民露天茶市
3 人行道上的街頭小吃
4 用秤錘秤重

的是在仰光的某些地區，如許多將領的住處，電力的供應就相當穩定。緬甸諧星扎甘納爾就曾對此現象發表一則諷刺笑話：

　　美國總統喬治布希、中國國家主席胡錦濤和緬甸軍事領導人丹瑞（Than Shwe）去拜訪上帝。

　　布希問上帝：「美國什麼時候會成為世界上最強大的國家？」上帝回答說：「不會是在你活著的時候。」布希聽完後不禁落淚。

　　接著胡錦濤著問：「何時中國將成為世界上最富有的國家？」結果得到相同的答案，「不會是在你活著的時候。」胡錦濤聽完後也是落淚不止。

　　最後，丹瑞詢問：「緬甸何時會有足夠的水和電。」這一次輪到上帝落淚了，「不會是在我活著的時候。」

　　另一則緬甸國內流傳的諷刺笑話：

　　一份報紙刊登一條消息說，某人因為觸電而身亡。但所有人都清楚報紙是在胡說八道，因為緬甸的經濟如此糟糕，幾乎每天 24 小時都處於停電狀態。

　　當然現在外資大量湧進緬甸，依我觀察這缺電現象只要政府有心改革，應在幾年內會有改善的，而在 2014 年已有臺灣水電廠商進駐仰光，無疑的他們也是嗅到水電工程在緬甸無以倫比的商機。

全球網路訂房業者 *Agoda* 於 2014 年 3 月調查
旅客行李攜帶習慣，結果除了日本之外的亞洲人，
認為出國最怕沒手機，而歐美人士及日本人則最怕
沒信用卡，很不幸的這兩樣在 2014 年的緬甸仍是極
為稀有。即使在舊都仰光，除了較大型的旅館飯店
外，信用卡並不普及，同樣的，網路及手機盛行率
也不高，走在仰光街頭雖見不到滑著手機的低頭族，

但緬甸這幾年手機門號由臺幣 1 萬元降了 70%，而手機售價也只有以往的 1/10，且還
在下降，故目前手機盛行率比以往 4% 高出許多。導遊一邊撥弄著手機一邊告訴我，電
訊建設已由挪威 *Telenor* 及卡達 *Ooredoo* 的業者標走，在數年內緬甸手機將馬上能跳躍
成 4G 通訊，這些都說明著緬甸在進步，唯一的存疑只是進步多少的問題。果不其然，
到 2014 年 8 月及 9 月這兩家業者就開始營業，這也迫使幾十年來壟斷市場的國營緬甸
電信公司 MPT 與日商株式會社 KDDI 和住友商事株式會社展開合作以求進步，手機
SIM 卡價格從最先的 2,000 美元、1,500 美元、1,000 美元一路降到 2017 年的 1,500 緬幣，
這促使緬甸大多數的民眾都在使用智慧型手機了，至今數以千計的行動電話基地台在全
國各地架設，鋪設的光纖線路總長已達 3 萬公里。緬甸計算機聯合會指出，至 2016 年
6 月，全國約有 90% 的人在使用行動網路服務，變化之快緬甸民眾連作夢都沒想到。

旅遊期間我走在街上，幾乎隨處可見韓國三星的廣告，但反觀宏達電的 *hTC* 手機
看版卻幾乎不見蹤影。愛之深責之切，想到這裡，我不禁對 *hTC* 的不長進有些氣惱，
埋怨的說道：「虧宏達電周永明執行長還是緬甸華僑呢！」這時我的朋友替他緩頰：
「因為 1983 年韓國前總統全斗煥在緬甸仰光險些遭刺殺。全斗煥總統原本計畫瞻仰翁
山墓，向翁山將軍敬獻花圈，但因為塞車而未能準時達到，陰錯陽差躲過了炸彈襲擊。」
他接著說：「自那時起緬甸為了表示歉意，對韓國幾乎是有求必應，三星有韓政府撐腰
就順水推舟大舉布局了。」

緬甸自開放改革後，至 2014 年湧入的外資呈 5 倍成長，可口可樂已於市面買得到，
星巴克、肯德基等企業也陸續進駐。2017 年 4 月緬甸政府公布投資法細則，這是 2010
年開放改革以來最重要經濟決定，此法則因應投資者需求，簡化了投資流程，涵括農、
牧、醫療、觀光、旅遊、水電、通訊以及製造業等 100 多項產業，甚至某些產業投資
可享有 3~7 年 25% 營所稅全免的優惠，預估在未來幾年內來自國外的投資將呈現數十
倍成長。中國一直是緬甸最大外資來源，而日本、韓國也由國家帶領企業進行多樣投資。
我不禁要問臺灣政府，你準備好了嗎？

✿ 仰光市旅遊資訊

喬達基臥佛寺 Chaukhtatkyi Pagoda

原建於 1907 年，是一站立的大佛，50 幾年前倒塌，故 1959 年再建此臥佛，經 15 年完工，為長 75 公尺、高 30 公尺，緬甸第二大的臥佛（第一大在孟邦），佛像頭戴有玉冠，冠上鑲有許多名貴寶石，臥佛眼睛以玻璃鑲成，配上長長的睫毛，望之栩栩如生，予人一種輕鬆亮麗的感覺。臥佛腳底有 108 圖案，代表三界 108 次輪迴，其中 59 個是人的世界，21 個是動物的世界，28 個是神的世界，繪於腳底，代表佛祖已超脫這些層次，天地萬物盡在其腳下。

INFO

喬達基臥佛寺
位置：位於 Shwe Gone & Taing Rd. 交會口
開放時間：24 小時
門票：免費

1 仰光街頭小女孩，臉上擦著緬甸庶民保養品達娜咖（Thanakha）
2 輕鬆亮麗的喬達基臥佛
3 喬達基臥佛腳底有 108 圖案

翁山市場　Bogyoke Aung San Market ∕ Scott Market

　　前英國殖民時代遺留下來的市場，為仰光市最大的傳統市場，該處販售工藝品、古董、寶石、玉器、傳統緬甸服飾等。

翁山公園∕皇家湖
Bogyoke Aung San Park ∕ Kandawgyi Lake

　　為紀念緬甸國父翁山先生的公園。位於市中心，是仰光最佳自然景觀所在，皇家湖（又名 *Royal Lake*）上有一艘長 *100* 公尺，寬 *50* 公尺用水泥作成的鴛鴦船。在黃昏時可見到大金塔及湖上卡拉威王宮餐廳（*Karaweik Palace*），閃閃發亮的水中倒影非常美麗。

INFO

翁山市場
位置：位於 Bogyoke Aung San & Shwe Bonthan St. 交會口
開放時間：周二至周日 10am-5pm
門票：免費

翁山公園∕皇家湖
位置：位於 Bahan Rd. & Nat Mauk Rd. 交會口
開放時間：24 小時
門票：免費
拉威王宮餐廳：演出門票，含自助晚餐 15 美元

司雷寶塔　Sule Pagoda

　　推估此塔有 *2,000* 年歷史，但如同其他諸多佛塔一般，此塔經過幾世紀的摧毀、重建，現已無人知道建築確實年代。司雷寶塔外型為八角形，高 *46* 公尺，矗立仰光街道的中心點，仰光市就是以此為中心向四方拓展，夜晚可立於附近路橋上靜靜觀賞，其周圍繞著摩登建築與許多舊商家，呈現出一種古今融合的美。寶塔的中央佛塔稱 *Kyaik Athok*，孟語意思是「放置佛祖頭髮的神龕」。

白象園　White Elephants Park

　　白象在緬甸為吉祥之物，此處展示的白象皆有上腳鐐。在緬甸一帶，當地人習慣捕捉野生大象加以馴服，在林間幫忙搬運木頭，讓人想起臺北動物園的大象，二次大戰的老兵，林旺爺爺。林旺為二次大戰滇緬戰爭（*1943~1945* 年）時，孫立人將軍從日軍擄獲的大象，從此加入孫立人部隊，擔任運輸軍需品工作和官兵一起出生入死，為抗日名將孫立人將軍的戰友。

1　商品琳瑯滿目的翁山市場　　4　矗立於仰光街道中心點的司雷寶塔
2　翁山公園夜景　　　　　　　5　夜空下的司雷寶塔異常醒目
3　翁山公園　　　　　　　　　6　白象園內的白象

INFO

司雷寶塔
位置：位於 Sule Pagoda Rd. & Mahabanoola Rd. 交會口
開放時間：4am-10pm
門票：3 美元

白象園
位置：位於 Insein & Pyay Rd. 交會口
開放時間：8am-5pm
門票：免費

環線火車 Yangon Circle Line

　　3 小時的環線火車，可一覽仰光市及其周邊，可在任一站下車，再搭計程車回市中心，每站只停約 1 分鐘，有些小站甚至淪為沿著鐵軌邊的流動菜市場，搭此列車可觀察仰光市郊區及緬甸庶民生活，但第幾月臺的標示均是緬文，須事先了解以免上錯車。

1　仰光市區火車站
2　月臺標示均為緬文，想搭火車得先認出第幾月臺，左為 3 右為 2

寶石博物館 Myanmar Gems Museum

　　展示緬甸各項玉石寶石，有專人導覽解說，讓參觀者充分獲得玉石與寶石的知識，並懂得分辨真假，但不准拍照。一樓則是珠寶玉石市場。

INFO

環線火車
位置：在 Yangon Train Station
開放時間：8:30、10:30、11:30am，1:00、2:30pm
門票：1 美元至 300 緬幣，可能有很大彈性

寶石博物館
位置：在 Pagoda Rd. 上，靠近與 Parami Rd. 交會處
開放時間：9:30am~4pm。公休周一及國定假日
門票：5 美元

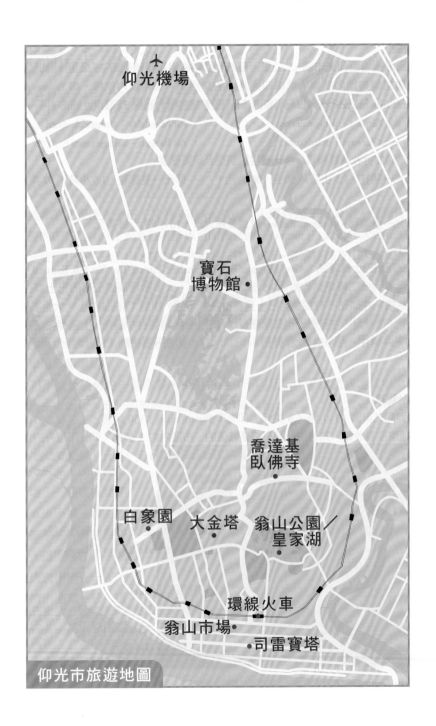

仰光機場

寶石
博物館 •

喬達基
臥佛寺
•

白象園　　大金塔　　翁山公園／
　•　　　　•　　　皇家湖
　　　　　　　　　　　•

環線火車

翁山市場 •
　　　• 司雷寶塔

仰光市旅遊地圖

幸好小卡車在塞滿約五十幾人後終於啟動引擎，接著猶如載豬車般一路顛簸上山。大金石坐落在海拔 *1,000* 公尺高的山頂，整個山路就像迴紋針般繞來繞去，加之路面崎嶇不平，大家坐在橫板凳上，有時就如海草般左右擺動，有時又像騎野馬般上下跳動，前後搖晃，由於沒有靠背，我總感覺到前座的人肥臀一直壓在我的膝蓋上，而同樣的我的屁股重量也由後座的人概括承受，最慘的是第一排的乘客，他們還得注意不讓自己的頭撞上駕駛艙後的鐵板呢！

一路上刺激驚叫的哇聲此起彼落，等到達終點時大家已被震得七葷八素。

由入口處前往大金石的階梯旁有一小房間，內有三幅壁畫記載大金石歷史。在 *2,500* 年前，大金石與石崖是完全分離的，千年後約略接觸了一些，現該石仍以一髮之微與山崖相連結，據稱大金石與地面形成的縫洞可以拉線而過，風起時大金石會在風中微微擺動，現經科學研究發現，以鋼絲置於大金石與地面間，可發現鋼絲會彎曲震動，表示此石仍處微動狀態，但奇怪的是大金石經歷多次地震仍屹立不墜。

導遊告訴我，「嘉提優」在孟語是指「隱士頭上的佛塔」，傳說孟族 *Tissau* 王之后為鄰邦克倫邦人，在嫁入孟族後忘了祭拜自己原有神靈，致使神靈大怒，遂變成一隻老虎殺害王后，由於王后深受兩族人民愛戴，故人民常祭拜她。他接著說：「國王 *Tissau* 後來由隱士手中得到佛祖髮絲，隱士告知需找到與他頭顱相似的岩石，然後在岩石上築佛塔，再把佛祖髮絲置於塔內神龕中，可庇護國家與王后亡靈。後來國王在海底發現此巨石，用船運上岸後此船即變成石頭船 *Kyaukthanban*（*Stone Boat Stupa*），現今在巨石處往遠看仍可看到這艘船。」

說實在的，在親眼目睹大金石前，我一直覺大金石不過類似很多地方的風動石而已，心想也不過就是那麼一塊石頭，因緣際會立於崖邊罷了，有什麼好成為精神麥加？

當導遊正努力解說著，大金石就遠遠在望了，第一眼望見它時我就明瞭我錯了，只見那高 8.15 公尺，重 611 噸的大金石，有一半是突出在數十丈的深淵山崖外，石上蓋有塔身 5.5 公尺的大佛塔，在陽光下閃閃發光，藉著底部透過的陽光，可明顯看出它只有些微的範圍與崖面接觸，而所立崖面並非平面，是呈 20 度以上斜度，除了讓人深感造物者的神奇之外，內心深處立即感受到它似乎是有生命的，不停的像周邊散發出某種訊息，讓人即刻感染到它的莊嚴肅穆。

這時解說到一半的導遊突然住口了，而我的內心也是充滿一股清明，仿彿一切話語都是多餘的。

大金石周邊廣場可謂人山人海，到處可見搭著帳篷的信眾，他們打算漏夜甚至接連好幾日在這兒朝拜，這帳篷非常簡陋，就是一塊布搭在幾根竹竿上擋擋烈日而已，好一點的就是地面多鋪了一塊破布，權充臥鋪，山頂上日夜溫差極大，除非精神上極大的支持，否則又如何能以此過上幾日？

大金石以不同角度望之，總能發現不同的美，尤其是薄暮或霧氣中更襯托它的莊嚴，夜晚在信眾點亮的蠟燭照射下，伴隨著

1 卡車就像載豬一般把大家運上山　　2 大金石

朝聖者飄忽的朗朗誦經聲，對於信佛或不信佛的人而言，都具有一股令人內心祥和的催眠效果，信眾除了點蠟燭外，更備上香花與紙傘蓋，以傘蓋供奉，是願佛德如傘般陰覆，遮除己身無明煩惱，讓身心獲得安樂。

望著那幾千年屹立不倒的巨石，猶如不動如來在超度眾生，消滅眾生貪嗔癡，更是象徵信眾不動如山堅若磐石的信仰，至此我終於明白為何它是緬人精神上的麥加，也難怪接近大金石的人需要通過層層安檢。

大金石

開放時間：24 小時
門票：6 美元

1-2　朝聖者在大金石廣場搭起的簡易過夜帳篷
3　薄暮中的大金石更顯得莊嚴肅穆
4　信眾面對大金石，點上蠟燭跪地膜拜祈福

交通

可參加地區旅行社一日行程：仰光→大金石→勃固→仰光，250 美元，或自行搭車。

方法一：

仰光 ——火車 5 小時／8 美元→ 吉桃鎮（Kyaikto）——接駁卡車 20 分鐘／1 美元→ 金磅 ——轉搭登山卡車 45 分鐘／2 美元→ 大金石

方法二：

仰光 ——巴士 5 小時／10 美元→ 金磅 ——轉搭登山卡車 45 分鐘／2 美元→ 大金石

住宿

Golden Rock Hotel

物超所值的飯店，近大金石半山腰。

· 地址：Golden Rock Mountain Rd., Yathe Taung Base Camp
· 電話：01-70174，057-09871-8391
· 價位：60 美元

Mountain Top Hotel

視野很美，非常接近大金石。

· 地址：Golden Rock Mountain Rd.
· 電話：01-502479
· 價位：70 美元

交通／住宿資訊

孟族歷史古城

勃固省勃固市 Bago

勃固是距仰光 *80* 公里的小城市，原為伊洛瓦底江港口城，後因河道改變而沒落。*460* 萬人口中主要為緬族，也有些克倫族、撣族、孟族，曾是孟族古都，十四至十六世紀時為緬甸佛教中心，中國《明史》中的「古剌」即為勃固古名，一般遊客只把勃固視為仰光到大金石的中繼站，不是必停之地，但其實勃固是很有歷史的。

當我們驅車往返於仰光與孟邦大金石，進入勃固市後，兩條幹道的交會處可明顯見到一鐘塔，前方是一隻鳥站在另一隻鳥背上漆成亮金色的圖騰，此為勃固市標。據說是西元 *573*

母神鳥立於公神鳥上的圖騰為勃固的市標

年，孟族兩位王子於湖中一小島上發現傳說中的神鳥 *hamsa*，母的立於公的背上，兩位王子認為這是好預兆，於是在湖邊建城，之後勃固即發展成為孟族最重要的城市。孟族起源於中國內地，於西元前 2000 年進入緬甸，有古老文化，西元三世紀末，孟族吸收屬梵文的南印度文字，創造孟文，而緬人又用孟文字母創造緬文，因孟族王國多次被緬族所滅，所以現今平原上的孟族多已緬化，但孟族文化對緬族仍有相當大的影響。

　　勃固雖是個小城市，但它卻是顯赫一時的孟族勃固王朝都城，也在此出現一有名女王，在位 7 年的信修浮，據說緬甸於佛身上貼金箔的習俗即由她開始。

✿ 信修浮女王

　　十三世紀時，緬甸原有統一政權浦甘王朝被蒙古覆滅，之後緬甸陷入分裂。當時孟族在南部建立起勃固王朝；撣族在北部建立阿瓦王朝，定都今曼德勒附近的阿瓦，形成南北對峙狀態，雙方且有許多小城邦彼此互相敵視，使得緬甸長期戰亂不息，這樣的情形持續近 250 年，緬甸把這一時期叫做「戰國時代」。阿瓦王朝與勃固王朝且於 1385 至 1424 年爆發激烈戰爭，史稱「四十年戰爭」。

　　戰爭期間，勃固王朝主要靠第九任國王羅娑陀利（1383~1422 年在位）英明領導，才能與阿瓦王朝對抗，而信修浮正是羅娑陀利的獨生女，20 歲時嫁給羅娑陀利的侄子，育有一子二女，但婚後 5 年丈夫去世。待國王羅娑陀利也駕崩後，勃固王朝發生繼位內亂，29 歲的信修浮於是被安排嫁給阿瓦王，1430 年，信修浮在兩名僧侶的幫助下逃離阿瓦，回到勃固，1453 年即位為女王。

　　7 年後，信修浮決定由助她脫逃的兩名僧人中選擇一位繼承王位，於是在裝御米的缽中放置王權信物，看領御米時誰有幸拿到，結果名叫「達摩悉提」的僧侶得到了那隻幸運的缽，並娶信修浮之女繼承王位。此後，信修浮專心禮佛，在大金塔旁度過餘生，而她在位期間井然有序的朝政，為勃固王朝奠定往後半世紀的太平盛世，伊洛瓦底江未改道前的良港勃固，也由於她致力於與各國航海交通而盛極一時。

　　參觀完有千年歷史的瑞摩都佛塔（*Shwemawdaw Pagoda*）後，我們隨即前往瑞摩都佛塔南方的孟族舊王宮（*Kanbawzathadi Palace*），此王宮由孟族 *BayintNaug* 王於 1553 年重新興建，但被毀於孟族與若開王國（印度稱阿拉干王國 *Arakanese*）戰役。

⚛ 古戰場勃固

在我眼中，勃固似乎扮演著多災多難的角色。1531 年緬族在莽應禮（Tabinshwehti）帶領下再度崛起，先後征服勃固王朝及阿瓦王朝，建立起東吁王朝，其後一代名君莽應龍（Bayinnaung）南征北討統一緬甸，但勃固仍然不得太平。

莽應龍之子莽應里（Nandabayin）繼位後，東吁王朝於西元 1593 至 1600 年間面臨若開王國進犯的暹緬戰爭，當時的若開君主納瑞宣（Naresuan）為該王朝第 20 位君主，帶領泰國脫離東吁王朝 15 年附屬國命運。納瑞宣 14 歲時被押在緬甸當人質，釋放條件是在拳擊賽中擊敗緬甸所有拳擊好手，6 年後他做到了。傳說中他以一枝箭射死對岸的緬軍將領，而導致緬軍潰敗，東吁王朝國力因此開始減弱；1599 年若開王國帶領葡萄牙雇傭軍進攻東吁王朝，勃固再度面臨兵災戰禍，1600 年陷落，若開王國軍隊將勃固建築付之一炬，城內居民紛紛逃亡，各地諸候割據一方，一些土邦也各自為政，緬甸再次陷入分裂狀態。

若開王國的雇傭軍首領布里托（Felipe de Brito），緬甸名字為雅津加（Nga Zinga），是出生於里斯本的法裔葡萄牙人；攻占勃固後，若開王國即將勃固送給他作為獎賞，只是名義上仍然是若開王國的臣屬之地，但布里托隨後宣布獨立，並強迫當地人信仰天主教。與此同時，東吁王朝第五代良淵王（Nyaungyan Min）占領以阿瓦為中心的區域，才保住岌岌可危的上緬甸半壁河山。西元 1605 年，良淵王駕崩，繼位的阿那畢隆王（Anaukpetlun）在上緬甸重整兵力後收復勃固，布里托受「刺穿」之刑而亡。

歷史總是不停的輪迴著，再怎樣燦爛的舞臺總會歸於平淡。1752 年東吁王朝終究還是被貢榜王朝所取代，1767 年若開王國也滅於貢榜辛標信王之手，當時緬人還把泰國王室的藏品當起火燃料，熔化佛像上的黃金，雖說戰爭是殘酷的，但同樣是信仰佛教的國家，有需要如此趕盡殺絕嗎？這種作為難道不會脫離佛的本質？讓我百思不解。

✿ 勃固市旅遊資訊

雪達良臥佛寺 Shwethalyaung Buddha

　　此臥佛長約 55 公尺，高約 14 公尺，由整塊石頭雕成，建於千年前，相傳從前有一勃固王子在湖邊識得一孟族女子，兩人相戀，儘管當時勃固仍有自己的信仰，但王子仍答應該女子可信佛，並幫她瞞著國王，後來殘暴的國王知道後處死他們兩人，但奇怪的事發生了，此後凡是新娘子在勃固神像前膜拜時，神像必定崩裂傾垮，國王心生畏懼且後悔，於是改信佛教並建此佛塔臥佛。

　　1756 年貢榜王朝進攻勃固，勃固無法抵擋，遂將大佛藏於叢林地底，此佛像因而隱沒於叢林中達百年之久，隨後於 1880 年英國統治下緬甸期間，因建築鐵路時被意外發現，並於 1881 年獲得重建，一般傳說此臥佛乃是根據釋迦摩尼半臥講道，頭倚著寶盒，雙眼睛呈半睜狀態的模樣而建，與一般的臥佛型態不同，亦因此而更具神祕色彩。

四座佛像 Four Figures Paya

　　佛塔內供奉 4 尊 18 尺高的佛像，相互背對端坐。面朝四個方向，此種特殊的設計在緬甸少見，相傳十六世紀時的勃固王有四個女兒，她們虔誠禮佛並誓言不嫁，國王因此建這四尊佛供她們膜拜。

1 雪達良臥佛　　2 四座佛像

瑞摩都佛塔 Shwemawdaw Pagoda

傳有千年歷史，原始的塔較小，為兩兄弟 *Kullasala*、*Mahasala* 所建，內藏有兩根佛陀髮絲，隨後於 *982* 年、*1385* 年各再供奉一顆佛牙，而這佛塔也再次修建，但於 *1492* 年此塔又被強風吹毀，其後在最近 *600* 年中，此佛塔一再經歷損毀重建，每次重建都增高一些，最後達目前 *114* 公尺的高度，比仰光的大金塔高 *14* 公尺。在 *1912* 年、*1917* 年及 *1930* 年的大地震中，瑞摩都佛塔都遭到程度不一的損壞，尤其是 *1930* 年的大地震，整座塔的上半部都被震下，現在還放在原先掉落的位置。整個佛塔為孟族型態，塔頂簡單古樸，佛塔基座為裙襴樣，周圍繞以 *112* 個小塔，四個入口處各設有佛像，其中有一佛像以籐所製，相當古樸別緻。

孟族舊王宮 Kanbawzathadi Palace

在 *Shwemawdaw* 南方被挖掘出來，由孟族 *BayintNaug* 王於 *1553* 年興建，被毀於孟族與若開邦的戰役。依遺址發現此舊王宮，為一邊長 *1.6* 公里的正方形，有 *20* 座城門，*7* 座不同建築物，*1990* 年代緬甸當局為了發展旅遊於原址重蓋，規模雖不及原王宮，但在主殿內尚可見到原王宮的幾根柚木大柱，金碧輝煌，供後人遙想當時的盛況。

聯軍戰士公墓 Taukkyan War Cemetery

此公墓是一座為紀念在第二次世界大戰中，陣亡的 *27, 000* 多名盟軍殉職將士而建造紀念的公墓。

1　瑞摩都佛塔，周圍繞以 112 個小塔
2　瑞摩都佛塔內的籐製佛像
3　瑞摩都佛塔原先被震毀的塔頂
4　聯軍戰士公墓
5　原勃固孟族王宮殘留的巨型柚木大柱
6　孟族國王座車

INFO

雪達良臥佛寺、四座佛像、瑞摩都佛塔、孟族舊王宮

位置：雪達良臥佛寺、四座佛像，位於 Yangon-Mandalay 公路西邊；瑞摩都佛塔、孟族舊王宮，位於 Yangon-Mandalay 公路東邊

開放時間：5am~7pm

門票：勃固套票 10 美元，可於佛寺入口處或飯店詢問

聯軍戰士公墓

位置：位於仰光北邊，Yaung-Bago Rd. 公路旁

開放時間：24 小時

門票：免費

★★交通／住宿資訊★★

交通

可參加地區旅行社一日行程：仰光→大金石→勃固→仰光，250 美元；或搭乘大眾運輸工具。

🚆**火車**：仰光→勃固，3 小時／ 4 美元。

🚌**巴士**：仰光→勃固，2 小時／ 2 美元。

🚕**計程車**：仰光→勃固，一日／ 90 至 100 美元。

住宿

建議住仰光，選擇較多。

PART 3

緬甸中部
曼德勒省、馬圭省、實皆省

釋迦牟尼的預言
瓦城曼德勒市 *Mandalay*

　　傳說佛祖釋迦牟尼宣揚佛法，由弟子阿難（*Ananda*）陪伴路過曼德勒山時，曾在山上用手指著山下說：「*2,400* 年後，這裡會有一繁榮的大城⋯⋯。」

　　曼德勒市是曼德勒省的省會、著名的古都，也是緬甸第二大城，因背靠曼德勒山而得名，有歷史的輝煌又有現代繁榮。面積沒有仰光大，人口卻比仰光多，因此是緬甸政治、經濟、文化和商業中心。曼德勒稱呼推測是由印度方言巴利語（*Pali*）而來，意為吉祥的土地，貢榜王朝第九代敏東王（*Mindon*）於 *1857* 年立都於此時稱 *Yadanabon*，意為黃金之都，又因附近區域阿瓦曾是阿瓦王朝的首都，所以當地華僑習慣稱之為「瓦城」。

　　釋迦牟尼的預言以佛曆推算即是西元 *1857* 年，敏東決定放棄舊都阿馬拉布拉（*Amarapura*）於曼德勒建立新都，而曼德勒果然不負佛望，維持近 *30* 年榮景。曼德勒吸收歐洲的城市規劃和中國皇城建築風格，街道筆直呈棋盤狀，一個個街區方方正正，街道並以數字命名，很容易辨識。但經過英緬戰爭及殖民後遷都仰光，以及第二次世界大戰戰火無情的摧殘等種種因素，造成許多建築被嚴重破壞或建設停頓。直到這幾年因道路開通，經濟成長及周邊貿易擴張，才得以重新發展。

　　故現今曼德勒即使是第二大城，除少數街道外道路依舊不平整，塵土飛揚，走在街上常會看到一些夾雜繁體字的招牌，很少見到五層以上的樓房，因而曼德勒的天際線並不美，加之路燈少，夜晚顯得有點灰暗，但這並不表示她沒有活力，在暗處中各種商業活動依然進行著，預告著這城市的快速復甦。

🎴 曼德勒之夜

　　傍晚時到曼德勒的花市去閒晃，街上跑的大多是日系的二手車，更多的是摩托車和自行車，使街道看起來有些雜亂，其實汽車外觀相當乾淨，與臺灣並無不同，應是這幾年關稅下降，汽車汰換率加速之故。

　　汽車、摩托車駕駛速度都相當快，尤其摩托車在人群穿梭著，令我懷念起仰光這禁止摩托車的城市。到達花市時暮色已暗，但整個街道幾乎沒有路燈，遠遠望去的一排亮點就是花市了，每個花市的小販都自備一至二個 LED 燈，群聚下來構成了一花海與燈海的不夜城，這些燈都來自中國，據說便宜而好用。花市範圍很廣，販賣著各式各樣的花，一堆堆一籬籬的陳列著，相當美麗耀眼。

　　曼德勒或者該說整個緬甸人民都相當喜歡買花，他們常在晚間購買，然後晚間或清晨到寺廟祭拜，因為白日酷熱，所以夜晚買花與祭拜成為生活的一部分，當然在這一片燈海下不只賣花，也有賣蔬果的店家及量販商，大家多忙碌著，但還是維持他們一貫的作風，開開心心的笑著，喜悅又何須用太多錢去換取呢！我們也買了一點花及蔬菜應景一下，當詢問多少錢時，賣家笑笑指著我們的錢袋搖一搖手，免費呢！

　　其實一路上我們有太多的類似經驗，小量的東西店家都是笑著奉送，行前有太多的親友告誡我要小心被搶、被騙，實地來這兒我覺得這都是多餘的，我可以強烈感受到緬甸人善良、誠實且開朗的心。

1-2 曼德勒夜間花市

接著我們又去逛另一夜市，就在一間百貨公司拐角處，同樣的在一片漆黑中發現一片燈海，這兒賣吃的或一些小家電日常用品，與臺灣夜市完全相同，不同的是他們會開心笑著等我們慢慢挑，不推銷商品，不買也笑嘻嘻的，彷彿工作是一種享樂。有一個約 11、12 歲的小孩引起我注意，他的攤位是賣炒飯，以板凳墊著腳站在與他一般高的爐火前，熟稔而賣力的炒著飯，飯香四溢，見到我端起相機時還笑嘻嘻的把一勺飯拋得好高，再接住，就這樣開心的賣弄著。

這就是曼德勒的夜，幽暗的夜幕下，沒有城市的浮華，卻充滿喜悅與活力。

過去 20 年，隨著中國移民的大量湧入，與中國間的貿易增強了，曼德勒正在夜幕中快速蛻變。正因為曼德勒近來快速的成長，所以在市內行走很難感受到古都的味道，但是到城市的東北邊就有截然不同的感受，而那正是舊皇城所在。本應是金碧輝煌，但因皇城毀於 1945 年的二戰，現只剩斑駁的城牆，以及圍繞四個周邊的護城河見證著過往的歷史，走在 8 公尺高的城牆底下，仍然可以感受到當日的氣派輝煌，緬甸於 1989 至 1995 年在原址仿古重建舊王宮，極盡所能呈現舊時氣派。

現在王宮後方設為博物館，在這裡展出緬甸王用過的物品、座車、家俬、相片等等，是個可以了解緬甸歷史的地方。

1 曼德勒夜市賣炒飯的小老闆
2 曼德勒夜市
3 路燈不亮的曼德勒靠小販的 LED 燈帶來光明

🏵 三等公民

導遊告訴我，在曼德勒華人算三等公民。

「什麼三等公民？」我吃驚的問。

「第一等是僧侶，第二等是軍人，第三等是華人。」導遊說著，語氣與表情卻充滿羨慕，我知道即使是他口中的曼德勒三等公民，在他的心中仍是高不可攀。

「那你們呢？」我追問。

「算第四等公民吧！」

我不知他說的是真是假，以往在緬甸有三件事人們是不談論的：軍人、錢與女人。女人指的是翁山蘇姬，現在軍政府開放了，街頭到處是翁山蘇姬的報導，電視上批評政府的言論也准播了，以前所有報章雜誌出刊均需政府部門審核，現在也寬鬆許多，這種現象好像民主列車一發動就停不住，至少我感受到的是緬人比較敢講出心裡話。

「老師薪水月薪約 150 美元，還在家私接學生開家教班；軍人官員月薪約 200 美元，且……。」導遊把話打住，用右手三個手指搓一搓，笑笑。當然我也心領神會，收賄嘛！這是舉世皆然的，只不過是程度上的差別，無怪乎緬人常說緬甸是有錢人的天堂，只要你肯付錢，沒什麼辦不到的。

「我想去緬北管制區看罌粟田可以嗎？」
「可以的！不過要躲進牛車的草堆裡給運進去！」

想一想電影中的畫面，軍人拿著刺槍戳著稻草堆的景象，這我可不想嘗試。

雖然導遊把華人在曼德勒的地位高掛，但據我所知華人也有心酸的一面。緬甸的兩大城市，仰光及曼德勒囊括整個國家 80% 的經濟，在兩大城市中仰光由印度人後裔控制經濟，而曼德勒則由華人後裔把持，唯華人大都不參與政治，故雖有經濟上優勢卻無政治上影響力。

而且緬甸住民基本上分三種型態，一種是當然公民，涵蓋緬甸境內 135 種族群，含中國雲南的後裔果敢華人（Kokang，P130），但除此之外，緬甸官方並不承認其他華人、印度人、孟加拉人為法定少數民族，因之華人地位在緬甸就不上不下，於是產生第二種「居住性公民」這專為華人而設的灰色地帶，這些華人須舉證三代皆住於緬甸，或靠申請等待額度分配；第三種就是僅持有居留權，許多華人為了取得身分，不是匿報自己為其他少數民族，就是花錢打通關節買管道，各顯神通。

✿ 幫佛像刷牙洗臉的瑪哈牟尼佛寺 Mahamuni Pagoda

曼德勒是全緬甸學校最多、和尚也最多的文化之都和宗教中心，2007 年番紅花革命時（P114），此地僧侶不少人被逮捕，走在塵土飛揚的路上經常可見到托缽的僧侶，但我個人覺得要感受曼德勒宗教氣息，非瑪哈牟尼佛寺莫屬。

此寺供奉瑪哈牟尼佛像，最著名之處在於寺院每日清晨四點半，由高僧舉行幫佛像洗臉刷牙的儀式。根據古老傳說，佛祖於西元前 554 年來到若開邦妙烏附近的 Dhanyawadi 市，當時國王 Thuriya 要求佛祖親自監工打造熔鑄佛祖的形象。當鑄造偉大的形象後，佛對鑄像吐了一口氣，這鑄像即成佛化身。1784 年緬甸孟雲王（波道帕耶 Bo Daw Paya）把青銅佛像掠奪而來，並在此地建寺供奉。佛祖生前只有五個雕像，兩個在印度，另兩個在天堂，而第五個就是緬甸瑪哈牟尼佛像。

至於幫佛像洗臉刷牙的儀式，若非早起目睹實難體會。當日一大早我們便起身趕在儀式開始前到達瑪哈牟尼佛寺，到達時早就有許多僧侶在托缽化緣了，寺內更是源源不絕的湧入大批信眾，接著儀式就在莊嚴的誦經聲中開始，先是在神案前擺滿鮮花，然後由高僧幫佛披上黃色錦袍，再用淨水及特殊佛具幫佛像擦拭臉龐及刷牙，原本我以為以水清洗佛像應當是有趣的，但是親臨之下所見到的每一步驟都是那麼的莊嚴肅穆，很快的自己就融入那氛圍中，感到在佛陀慈悲眼下一切是那麼安詳平和，一波波的誦經聲，仿若天籟明燈，照亮了黑暗世界與自己心中的無明。

整個儀式約 1 小時結束，接著跪地膜拜念經祈求的信眾開始為佛身貼金箔，唯一例外是臉部，因每天清晨要進行洗臉儀式，故禁止信徒貼金箔。如今高達 4 公尺的瑪哈牟尼佛像，身上已貼滿厚達 15 公分的金箔，有 3 噸重，在貧窮的國度由此可見民眾的虔誠。

INFO

瑪哈牟尼佛寺
位置： 位在 84-St. & BoBaHtoo St. 交會口
開放時間： 24 小時
門票： 套票（Combo Ticket）10 美元，可於住宿飯店詢問

---

1 幫佛像洗臉刷牙的儀式，先幫佛像披上錦袍
2 用淨水幫佛像擦拭臉龐及刷牙
3 幫佛像擦拭臉龐
4 最後用寶扇搧乾
5 擠不進去的信眾，只好在外頭觀看視訊膜拜

✿ 有趣的曼德勒玉石市場　Jade Market

　　緬甸所產的玉石屬於硬玉，其中綠色的也稱為翡翠，和新疆和闐、俄國貝加爾湖的軟玉有所不同。緬甸玉在漢朝時已被當作寶石，甚至被認為是種人文素養，因而有玉即象徵擁有仁、義、智、勇、潔「五德」之說，至清朝由於乾隆愛玉，更使玉石在華人形成一種久而不衰的文化。

　　曼德勒玉石市場相當有趣，坐落在一條崎嶇的泥巴路邊，周邊盡是摩托車與腳踏車停留，交通相當雜亂，兩個漆上白漆的門柱旁及上頭布滿刺網圍籬，門柱中間有一生鏽柵欄的鐵門，鐵門上再開一小門供人進出，這是整個玉石市場唯一的出入口，整體氣氛相當詭異，而進入這小門需繳門票 *1,000* 緬幣。

　　當我跟導遊提起要逛玉石市場時，他的第一反應是詫異，接著是緊張問道：「你怎麼知道？」我還沒來得及回答，導遊又繼續說：「那地方危險！只能用緬幣現金交易，不能用美鈔，充滿小偷、扒手，很多東西都是假貨，況且買了玉石是帶不出去的！只能買商家開有證書的玉石才能運出緬甸。」試著想打消我這念頭。

　　豈不知，如此更讓我想去體驗。

　　「就不過那麼大的玉石而已，有何好緊張的？」我心中嘀咕著，過往自助旅行，曾有由國外運回兩、三百公斤化石的經驗，讓我覺得導遊緊張過頭了。在我擺出你不帶我去，大爺自個兒找路去的神情下，導遊無奈的帶我們前往，不過我也告誡自己遵守「證件貴重物品貼身擺放、錢不露白、眼觀四方」的大原則。

　　整個玉石市場是露天廣場，呈縱橫交叉格子形小通道，可見各色人等摩肩接踵穿梭其間，通道兩邊擺了一些小桌子，坐在桌邊小塑膠椅上拿著手電筒鑑定的是買家，而站立圍繞在桌邊的是賣家，他們有些身上背著一大串玉鐲，有些則從口袋小心翼翼的掏出寶物獻寶，通常賣家出個價，買家鑑定完還個價，如賣方不滿意，二話不說拿回寶物就走人，而買方也不追價；更多的情況是，老練的買家面對四面八方貢獻出的寶物，眼皮動也不動一下，就只手掌向下揮了揮，表示對貨品不滿意，賣方就知趣的離開。

　　為了過過買家的癮，我也嘗試在另一通道邊找張小椅子氣定神閒的坐下，果然湧上一大堆人圍著我獻寶，於是我也學著眼皮不動的揮揮手掌，表示不滿意，自覺頗有大俠風範，我對玉石是完全不懂的，為了逼真，這中間偶而我也拿起手電筒對著玉石照個一兩下，以示專業。事後朋友聽我描述，笑彎了腰說：

「手電筒照著玉石，是要由側面照入，像你這般由底下照上來，自己眼兒都刺了，哪能鑑定？」接著說：「這樣一看就知是生手！哪是行家？」

「反正我只要擺出買的誠意就好了，誰管你是不是行家。」我回答。其實我也不知他們賣的是真或假貨。

「是真貨啦！目前緬甸還沒製造假貨的技術。」我朋友說。

對這句話我半信半疑，因為這兒的買家有些來自香港，有些是歐洲人，一位香港買家告誡我小心買到假貨，而一位歐美人士面對一塊我看起來是冰種的玉，連看也不看。他知道我來自臺灣後高興的以英語跟我攀談：「喔，臺灣，我到過，臺灣人熱情，好哇！我喜歡！我不喜歡緬甸人，他們會騙人！剛剛那就是假的。」這時我瞄了緊跟著我的導遊一眼，他的臉色一陣鐵青，顯然對老外說的緬甸人會騙人這話很反感，但基本上一路走來，我覺得緬甸人滿善良的。

這兒除了小桌子外，有些通道邊也有些地攤，上頭擺示各式各樣玉原石，旁邊就是雕琢坊，轟隆的機器聲下不停的為買家買來的原石加工。除極少賣家是女性外，幾乎整個玉石市場清一色的是男性，令人感覺這是詭異的男人世界。觀察中，我知道很多賣家有上頭老大，很多次我見到他們對買家出的價猶豫時，會把物件用紙包起來，在上頭用印封存給買家看，並以手機請示老大。據說現在緬甸玉石市場 80% 掌控在中國雲南人手中，面對這一大堆玉石，以及買家裝著現金的鼓鼓錢袋，我真不知到底每天有多少玉石、多少金錢在這兒流竄呢！

1 現金與寶石就在這些背袋中
2 玉市場中坐著的買家和站著的賣家

INFO

玉石市場
位置：位於 87-St. & 39-St. 交會口
開放時間：8am~5pm
門票：1,000 緬幣

✿ 曼德勒旅遊資訊

曼德勒王宮 Mandalay Palace

　　位於曼德勒古城正中央，是緬甸最後一個王朝貢榜的王宮。敏東王 *1857* 年始建，*1859* 年竣工，二戰中被毀，*1989* 至 *1995* 年時在原址仿古重建。

　　城牆內錯落 *66* 座大小風格不一的宮殿，極盡所能呈現王宮舊時氣派。正方形的皇城每邊長 *2* 公里，有四道主門，八道邊門。紅色磚造城牆高達 *8* 公尺，牆底厚 *3* 公尺，牆最頂端縮為 *1.5* 公尺厚，城牆四角各有一座柚木城樓，牆外有護城河，寬 *70* 公尺深 *3* 公尺。正殿內有 *15* 公尺高的金漆柱子，現陳列華麗的緬王獅子寶座，以及一些王室、王宮建築的舊照片。屋頂多為貼敷金箔塔形尖頂，屋簷和門窗有緬式圖案和雕花木飾，整個建築群為柚木結構，雕刻細緻，具有濃烈的緬甸風格。

　　王宮後方現設為博物館，在這裡展出緬甸王用過的物品、座車、生活用品、相片等等，是個可以了解到緬甸歷史的地方。

　　據說，曼德勒王宮是由一位中國雲南籍的華僑所設計，因此整個王宮建築的布局與北京紫禁城有不少相似之處。

INFO

曼德勒王宮
位置：位於 66-St. & 26 St. 交會口
開放時間：7:30am–4:30pm
門票：使用套票（Combo Ticket）

行善大佛塔 Kuthodaw Pagoda

　　建於 1857 年，與曼德勒王宮同時期。原型仿自蒲甘瑞西貢佛塔（Shwezigon），四周圍繞著 729 座白色的經書亭，每座亭內有一塊石碑，石碑均刻有佛經，據估計，這些經文若以 1 個人 1 天念 8 個小時來計，要 450 天才能全部念完。

　　據說巴利語是佛陀當時所用的語言，佛陀涅槃後，僧侶團就舉行第 1 次經典結集，由當時最具有威德的佛陀親傳弟子聚集起來背誦佛陀所說過的話，並以口耳相傳的方式留存。敏東王為了確保經典的正確性，並且讓經典流傳下去，1871 年在王宮裡舉行南傳佛教史上的第五次經典結集，依據古老的傳統，請了當時最有威德的僧人 2,400 名，花了 6 個月時間才把巴利文《大藏經》（Tripitaka）背誦完成。

　　為了永久保存《大藏經》聖典，敏東王在大佛塔及主建物周圍建造 729 座白色小佛塔，每座塔內藏有一塊石碑，石碑上刻有密密麻麻緬文及巴利文的經文，花了 9 年才雕刻完成，因此有「世界最大書本」之稱。在最角落第 730 塊石碑，記載著石碑書本的相關歷史，1900 年紙本版問世，共 38 冊，每冊 400 頁。

INFO

行善大佛塔
位置：位於 12-St. & 62 St. 交會口
開放時間：24 小時
門票：使用套票（Combo Ticket）

1　曼德勒王宮的外牆
2　行善大佛塔有 729 座白色經書亭

王宮大佛寺／柚木宮 Shwe Nandaw Kyaung ／ Golden Palace Monastery

王宮大佛寺是十九世紀緬甸典型木造建築,除了梯子外全為柚木所造,雕工十分精細,現為高僧住所。前身是曼德勒王宮的一部分,為敏東王及王后的住處,敏東王於此病死後,*1878* 年 *Thibaw* 王把此建物自曼德勒王宮內拆除,*1883* 年完成重建,並捐贈予寺院,因此王宮大佛寺反而能避開戰火波及,不像曼德勒王宮那樣受到毀損,而成為曼德勒王宮唯一倖存之建物。

Shwe Nandaw Kyaung 為黃金寺院之意,因此寺院敷滿金箔,此建築可說是一座大型木雕藝術品,雕刻精美,由屋內壁上到屋外小平臺圍欄上都是精緻的雕工藝術,包括佛陀輪迴、神話中的動物、跳舞的神像、花鳥浮雕等皆敷以金箔,使王宮大佛寺令人發思古之幽情。

INFO

王宮大佛寺／柚木宮
位置：位於 14-St. & 62 St. 交會口
開放時間：7:30am~4:30pm
門票：使用套票（Combo Ticket）

1 王宮大佛寺內包覆金箔的柚木大柱　　2 穿過王宮大佛寺的僧侶

由曼德勒山遠眺王宮及護城河

曼德勒山 Mandalay Hill

　　位於曼德勒市區東北方，有眾多佛塔寺院，為緬甸著名佛教聖地。此山為曼德勒最高之地，高 236 公尺，有 1,739 級石階，如要赤足登山約需 45 分鐘，石階蓋有串連 8 座佛塔的塔廊，並有巨大白麒麟塑像鎮守，十分壯麗，現有 3 層電扶梯可搭，可省去不少力氣。

　　如步行，在半山腰處會見到一個大廟，據說，廟內曾供奉有佛陀的 3 塊遺骨，但現已移至他處。在路程的 2/3 處立着一尊鍍金的釋迦牟尼佛塑像，祂的手伸出去指着曼德勒皇宮的位置，為一立佛造型，在敏東王遷都之前即已建立，象徵佛的預言。另有一說，食人魔 Sanda Muhki 想率眾供奉佛祖，於是切下自己乳房當作奉獻，佛祖答應他 2400 年後會轉世，在此地成一偉大國王。

　　於山頂有一 Sutaungpyei Pagoda，意為願望實現寶塔，由此塔露臺往下望，可發現自山頂的塔尖以及綿延下來的塔廊，彷彿是一條蜿蜒伏身蓄勢待發的褐紅色巨龍，鳥瞰曼德勒市全景的最佳地點，由此可見王城、護城河，高高低低的佛塔寺院一覽無遺，金色、白色塔頂，交雜著紅、綠屋頂，錯落有致的散落在茂草鬱林中，而在視線遠處，平原與靜靜流淌著的河流融為一體，此河即是緬甸的母親河，伊洛瓦底江。此處也是觀看夕陽落入伊洛瓦底江那迷人景致的最佳觀景點。

INFO

曼德勒山
位置：位於 10-St. & 68 St. 交會口
開放時間：24 小時
門票：使用套票（Combo Ticket）

🦋 阿瓦　Ava

　　在米坦格河（Myitnge）進入伊洛瓦底江前，有一立於米坦格河南方的孤島，古碑和歷史書上都稱為「阿瓦」（Ava），緬語叫「因瓦」，意為「湖之口」或「入口處」。阿瓦是 1364 年阿瓦王朝的國都，至 1841 年貢榜王朝後期再遷都至阿馬拉布拉，這中間只有少數時間立都於他處，可以說有 400 年時間是都城所在。

古意盎然的阿瓦

　　由曼德勒至此須搭渡船，於搭船時可同時欣賞到實皆的新橋與舊橋，並可眺望實皆山上的大小佛塔寺院，這與由實皆山俯視而下相較又是另一種景致。

　　到岸後有許多待租的馬車在岸邊等候，於此可轉搭馬車至各景點，在路無三里平的泥土路，人在馬車裡更感覺到它的顛簸，但徐風帶起些微飄揚的塵土，卻讓人感到古意盎然。途經成排的綠蔭道路，兩邊的綠葉枝芽幾乎相擁抱在一起，一畝畝綠油油的稻田及芭蕉樹園，一掃而空炙熱感，經過一斷垣殘壁時，導遊說這就是舊城牆了，實在很難想像當初這兒曾有的輝煌。1644 年中國明朝覆滅，繼之滿人入關；1658 年，南明永曆帝（桂王）在清兵追殺下逃入緬甸，請求緬王收留，然而 1662 年，吳三桂清軍入緬，兵臨緬都阿瓦，緬王受逼交出永曆帝。

✦ 阿馬拉

阿馬拉布拉位
Taungmyo，即南

1783 年孟雲
阿瓦受損嚴重，詳
於 1861 年遷至曼
拆除用於修築鐵路

瑪哈甘達庸千

緬甸是一個虔
人們所敬仰和崇拜
入寺廟當沙彌過嚴
少 7 天，緬甸的
敬的心面對佛祖
好物品、所有金錢
到神佛的守護。

寶迦雅柚木修道院 Bagaya Kyaung ／ Bagaya Monastery

不久馬車停在一狹小廣場，一座古色古香的修道院就映入眼簾，此即寶迦雅柚木修道院。*1834* 年貢榜王朝第七任孟既王（*Bagyidaw*）所建，全部結構皆由柚木建成，一層層由大而小的屋簷相互堆疊而上，形成狹長通天狀的寺頂，寺內雕刻精緻，輔以斑駁的石階，以及深褐色雄偉的柚木，望之頗有禪意，現只有一和尚教導小孩讀書。

在緬甸貧困的鄉間，教育程度最高也最受人尊敬的便是僧人，也因此他們經常扮演社區居民的精神領袖或是帶領孩子讀書。我們到時正好看到老和尚帶著五、六個孩子讀書念經，狹長的木桌椅前掛著一破舊小黑板，小孩中有的是身披袈裟的小沙彌，有的則是臉塗緬甸庶民皮膚保養品達娜咖的尋常人家小孩，他們或蹲或跪在黑板前，雙手合十，有的閉眼，有的張開雙眼東張西望，但口中都跟著戴著眼鏡的老和尚喃喃念著，這樣的畫面，在緬甸的鄉間或許已經存在上千年以上。

1　米坦格河上的渡船
2　阿瓦渡船頭的載客馬車
3　柚木建築古意盎然
4　寶迦雅柚木修道院
5　小沙彌及當地小孩一起接受寺院教育

南明傾頹之塔
位置：位於伊洛
之阿瓦區內
開放時間：9am
門票：曼德勒套
點門口購得

交通
於曼德勒搭 N
的 Ava Bridge
也可搭計程車
費 1 美元。到
趟景點約 10 美

住宿
建議住曼德勒

　　佛教原不忌葷食，如果是在外面拖缽化緣，化到什麼便吃什麼，在僧院中可自由選擇吃葷或吃素，僧侶認為晨朝是諸天食，日中是諸佛食，日西是畜生食，日暮是鬼神食，因此堅持過午不食。而講到僧侶進食，位於阿馬拉布拉的瑪哈甘達庸千人修道學院是一個不可錯過的地方。

　　瑪哈甘達庸千人修道學院是負責僧侶教育的學院，成立於 1914 年，有 1,200 名僧人，現為緬甸僧侶最多的寺院，以晨間托缽及龐大的和尚用齋陣容享名，每日上午十點鐘不到，就有許多遊客等候著觀賞此場景。這兒每天早上五點半及十點半用齋一次，因謹守過午不食，故每日十點時上千名身披袈裟的大小僧侶便排成長隊，魚貫地依序領飯進入膳房用餐，全程啞靜無聲。當然這當中僧侶大多虔誠肅穆，但也有少數小沙彌天真的東摸西摸，歡顏嬉笑，這景象不禁讓人想起孟子所說的：「弈秋，通國之善弈者也。使弈秋誨二人弈，其一專心致志，唯弈秋之為聽。一人雖聽之，一心以為有鴻鵠將至，思援弓繳而射之，雖與之俱學，弗若之矣。」

　　望著這一列長長的僧侶隊伍，我不禁端詳著這些僧侶、沙彌，思考著這些人當中，是否有人日後能成為得道高僧？

瑪哈甘達庸千人修道學院
位置：位於 Sagaing-Mmandaly Rd. & Kanpat St. 之間
開放時間：9~11am
門票：免費

1　少數小沙彌童心未泯
2　晨間托缽
3-5　小僧侶準備把大鍋熱食扛出分享

充滿情趣的烏本橋 U Bein

　　阿馬拉布拉的烏本橋又稱「鵲橋」，是個相當有情趣的地點，也是無數攝影者的愛好所在。

　　此橋建於 1849 年，當時都城由阿瓦遷至阿馬拉布拉，因伊洛瓦底江支流陶塔曼河（Taungthaman）上漲，河邊成澤國，影響百姓僧侶作息，當時的穆斯林市長 U Bein 即拆除阿瓦王宮柚木以建橋。但另有一說，U Bein 建此橋是基於私心，因他對阿馬拉布拉市民不好，擔心市民隨時會叛亂，故蓋此橋以便他可迅速逃離阿馬拉布拉；還有第三個說法，此橋是為阻止英國船艦進攻而建。

　　橋橫跨陶塔曼河，全部由 1,060 根柚木所建成，長 1,200 多公尺，寬 2 公尺，是世界最長木質橋，更是陶塔曼湖兩岸居民的重要橋梁。為了一睹風采，我們於日落及日出各造訪一次，也可雇小舟由河面觀賞。此橋已經屹立 150 年以上，顏色退成深灰色，但依然堅固，日落時分橋上有垂釣人、挽著手竊竊私語的情侶、荷著扁擔回家的婦女，行人行走橋面倒影投映水中，景象浪漫令人陶醉，如果由橋下觀望行人的剪影，彷彿就是一幅活生生美麗圖畫。日出美景也不遑多讓，遠處水氣氤氳飄渺，橋身及轉折涼亭就處在一片朦朧之中，而湖面映著幾葉小舟倒影，襯托著遠山無邊綠意，就像一幅潑墨山水畫。

　　走在橋上 我最喜歡觀賞由一片白茫茫薄霧中乍現的行人，他們表情安詳而愉快，有時也會有身披褐紅色袈裟的僧侶出現，腳步十分輕快，行走中袈裟很自然的在空中劃出優美的弧形，這種景象一直持續到曙光乍現，火紅的朝陽輕巧地躍出山頭，愉悅的一天就此展開。

INFO

烏本橋
位置：位於 KanpatSt.，Mahagandhayon Kyaung Monastery 邊
開放時間：24 小時
門票：免費

★★交通／住宿資訊★★

交通
從曼德勒搭 No.8 公車，於舊王宮城牆（Palace Wall）下車。

住宿
建議住曼德勒市有較多選擇。

1 烏本橋晨曦　　2 疾行田間趕赴早市　　3 晨曦中烏本橋上的婦女

1 烏本橋落日
2 伊洛瓦底江沙洲上種植稻子
3 伊洛瓦底江落日

🔀 明江　Mingun

　　為河邊西岸小村落，曼德勒周邊這四個廢棄古城中，只有明江不曾當過都城，但明江區域內有許多巨大古建築，因此絲毫無損於明江的古味。

　　明江在伊洛瓦底江由曼德勒逆河而上 11 公里，回程可觀賞伊洛瓦底江落日，當地民眾很驕傲的說明江有五大：大塔、大鐘、大石獅、大水池和大和尚。大水池為蓄水之用，而大和尚指的是 *Mingun Sayadaw（1911~1993 年）*，他一生致力於教導民眾佛法，並且有超強記憶，能背誦《大藏經》所有經文。

雄偉的明江大塔 Mingun Paya

搭船橫跨伊洛瓦底江至明江，途中風景優美，不時可見小舟載著一堆堆竹子或其他貨品穿梭於江面，上岸不久即可見到明江大塔。

此塔由貢榜王朝孟雲王於 1790 年開始建造，1819 年駕崩停止，只完成底部三分之一，如完成此塔將為邊長 72 公尺，高 150 公尺，世界上最大之磚造佛塔，此塔於 1838 年經過地震摧毀幾成廢墟，並留下深深裂縫，被稱為世上最大的磚堆，不遠處兩尊巨大的大石獅，即半獅半龍女神，只剩半身卻仍在護衛著塔寺。望著圍繞其周的浩浩江水，可感受到它的雄健古拙，規模龐大，如可登上塔峰觀看蜿蜒的伊洛瓦底江，景致必然優美而壯觀，可惜基於安全，現已不可登塔。

為愛而建的心必美佛塔 Hsinbyume Padoga

　　由明江大塔走約 *15* 分鐘就可見到一白色佛塔建築，心必美佛塔，此段路為起伏泥路，兩旁有一些小攤販，逛著逛著也就到了，當然如果不想走也可搭計程車，這兒的計程車是由兩隻牛拉的牛車改造，車體破舊斗篷上書寫著「*TAXI*」，相當有趣。

　　心必美佛塔為貢榜王朝孟既王，在登基前三年為紀念死去的妻子 *Hsinbyume* 公主而於 *1816* 年所建，部分材料有可能取自明江大塔。此塔有 *7* 個波浪型白色露臺圍著塔身，在佛陀宇宙中，*Sulamani* 佛塔立於宇宙最高、最中心的 *Meru* 山山頂周圍繞以 *7* 個海洋，最外圍再環繞 *7* 座山，此 *7* 個波浪型白色露臺即代表環繞的 *7* 座山，或許孟既王感受到他的愛妻有如站在那高高的山頂，而對她的思念正如這滔滔起伏的波浪，雖綿延不絕卻被那高山隔阻，不得相見。此塔於 *1838* 年經過地震摧毀，*1874* 年敏東王重新修建。

1　耗時 29 年只完成 1/3 的明江大塔
2　明江下塔
3　這是另類 TAXI
4　白色波浪造型為心必美佛塔特徵

世界之最的明江大鐘 Mingun Bell

　　為了彰顯緬甸之最的雄偉氣勢，貢榜王朝孟雲王在建造明江大塔的同時，於 1808 年建造了這個全世界最大、最完整的青銅鐘，高約 3.9 公尺，直徑約 4.9 公尺，重達 90 公噸。

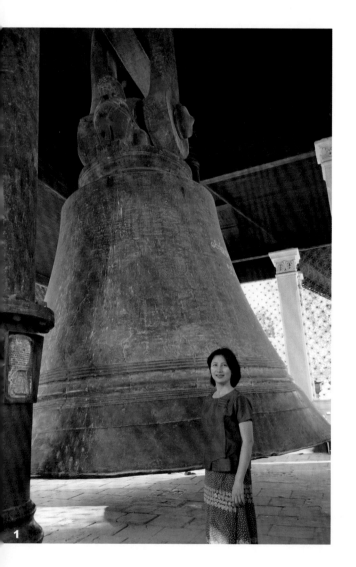

INFO

明江大塔、明江大鐘、心必美佛塔

位置：位於明江的伊洛瓦底江邊

開放時間：大塔與大鐘 8:30am~1pm，心必美佛塔 9am~1pm

門票：免費，但須付渡船費

★★交通／住宿資訊★★

交通

於曼德勒 26-St. 與 Strand Rd. 交口處，伊洛瓦底江邊渡船碼頭搭船，9am 出航，1pm 回航，約 45 分鐘／5 美元，包船 25 美元就不受時間限制。

住宿

建議住曼德勒市有較多選擇。

1 明江大鐘
2 實皆山頂供奉的佛像
3 實皆山眺望
4 虔誠禮佛的僧侶

✿ 實皆　Sagaing

　　實皆為實皆省首府，傳統上也把它包含於曼德勒周邊四古城。「實皆」一名為成排臨江大樹之意，顧名思義其河岸旁綠樹成群，充滿綠意。

　　實皆位在曼德勒西南方 20 公里處，可開車經實皆橋或新實皆大橋前往，約 40 分鐘車程，伊洛瓦底江本在實皆南側，在此處轉向西北形成一袋狀，而實皆就在這袋內。蒲甘王朝覆滅後，緬甸進入分裂階段，當時由撣族三兄弟把持朝政，於 1315 至 1364 立都於實皆，為撣王國（*Shan Kingdom*），直至 1364 年，其孫 *Thado Minbya* 遷都阿瓦，建立阿瓦王朝，這期間實皆做了 49 年都城，此後至貢榜王朝時，又於 1760 至 1764 這 5 年短暫成為都城。

　　此區有 500 座佛塔，人口 2 萬人，其中僧侶約 6,000 人，是蒲甘外全緬甸最富佛教氣息所在。

適合修心冥想的實皆山 Sagaing Hill

　　實皆地區最有名的就是實皆山，一共有 30 個大小山頭組成，其中以青蛙山（*Frog Hill*）最高，群山中有 250 間修道院、75 間尼姑庵，山多僧侶多，「世間好語佛說盡，天下名山僧占多」，正是這兒最好的寫照。

　　此地並無哪個塔寺是非看不可，但一路鬱木蒼蒼，當登上丘陵頂端，放眼望去只見一片白色、金色的塔頂與深紅色各大小寺院錯落在一片綠意當中，而寺院間又以白色的長廊相連，隨山勢蜿

蜒起伏，遠望之有點似長城城牆，再望著遠處，夾雜著白色沙洲的潺潺河流，與往來穿梭的小舟形成迷人美景，無怪乎緬甸人稱實皆山為最適於沉思冥想之地。

悠密修涅　Umin Thounzeh

　　別具特色，為洞穴廟宇，有 30 個洞穴，建於十三世紀，柱廊色彩斑斕，內有 45 尊石雕佛像。佛祖成佛前於 29 歲入森林修道，6 年後悟道成佛，教導眾生 45 年而涅槃，此 45 尊佛像即代表佛教導眾生的 45 年。

松烏蓬娜幸寶塔
Soon U Ponya Shin

　　位於青蛙山最高點，此山陵因遠望之形如青蛙而得名，相傳 1312 年國王大臣 Ponya 因發現檳榔盒內有佛祖遺物，一夕之間建成，中央有 30 公尺高，塗上金箔的浮屠，內有 8 公尺佛像，自山頂俯視各寺院景觀甚美。

銀器店 Silver Smith Workshop

　　瑤當村（Ywa-Htaung）有銀器店，可觀賞佛像、珠寶鑲邊、珠寶盒、托盤等銀器現場製作。

1　悠密修涅供奉的 45 尊佛像
2　松烏蓬娜幸寶塔大殿
3　手工敲打的銀器

INFO

悠密修涅、松烏蓬娜幸寶塔
位置：位於實皆，靠近 Shwe Min Wun Rd. 的實皆山上
開放時間：24 小時
門票：過橋收費 3 美元

銀器店
位置：位於實皆山腳下市場邊
營業時間：9am-4pm

阿瓦大橋 Ava Bridge

　　1934 年由英國建造完成，1998 年前是緬甸唯一橫跨伊洛瓦底江的橋，可聯結實皆與阿瓦。有 16 個橋墩，1942 年二次大戰期間，由於戰略上重要性，英軍為阻日軍攻勢自毀，至 1954 才修復，橋面可通行火車與汽車，但由於橋身老舊，1992 年後限承重 15 噸。

新阿瓦大橋 New Ava Bridge ╱ New Sagaing Bridg ╱ Yadanabon Bridge

　　為高速公路橋梁，聯絡實皆與阿馬拉布拉的新大橋，位於舊阿瓦大橋北方 610 公尺處，2002 年由中國 CAMC 公司設計建造，可承重 60 噸，有 3 座橋墩、4 線道，全長 1,711 公尺，於 2008 年完成。

INFO

阿瓦大橋
門票：過橋收費 3 美元

★★ 交通／住宿資訊 ★★

交通
由曼德勒搭計費卡車（Taxi-Truck）到實皆山山腳下約 2 美元。

住宿
建議住曼德勒市有較多選擇。

1　阿瓦大橋（後方即為新阿瓦大橋）
2　見證歷史輪替的倒塌佛塔群，另有一種遺世獨立的美
3　200 多年前被緬王拆除，築城牆抵擋蒙古軍的佛塔遺跡
4　星羅棋布的佛塔群

1

手指之處便有浮屠

曼德勒省蒲甘市 *Bagan*

蒲甘是曼德勒省的一座小都市，向以佛塔林立聞名於世，英文譯名已自 *Pagan* 修正為 *Bagan*。

蒲甘位於伊洛瓦底江沖積平原，完全仰賴觀光發展，分為舊蒲甘（蒲甘城）、新蒲甘、娘烏（*Nyaung Oo*）三區，以及新舊蒲甘間的明卡巴區（*Myinkaba*）、中部平原、北部平原及南部平原另四個區塊。蒲甘城占地不大，西面倚伊洛瓦底江，其他三面以城牆圍繞，但城牆已損毀斑駁，全城路況不佳，都為水泥路，常人車爭道，黃沙漫天；故蒲甘予人的第一印象就是貧瘠與乾燥，是個鳥不生蛋的地方。

但是當一路上經過矗立於荒草中的一簇簇佛塔群，或瞥見夾雜於蔓草中一些規模不大的佛塔，它們有些雖已經倒塌，卻仍然保持自然原貌，偶而有一些羊群牛群穿梭其間，這種超脫世俗渾然天成的美景，讓我對她的印象為之改觀。

蒲甘被稱為「萬塔之城」，約 40 平方公里，孟族、驃族、緬族均曾定居於此，五至九世紀驃族在蒲甘附近卑謬（*Pyay*）建國，中國稱為諶離，後被南詔所滅，遺族逃至蒲甘；849 年，緬族披因比亞（*Pyinbya*）建立蒲甘王國，1004 年，蒲甘王國遣使到中國向當時的北宋朝貢；1044 年，阿奴律陀（*Anawrahta*）取得王位，帶領蒲甘王朝達到前所未有的輝煌時期，並將國教改為上座部佛教。

　　造塔被視為顯現王室輝煌光榮,以及個人造福終生,修福來世的功德,故歷來君王不斷的建造,百姓如有任何值得慶賀的事也就會捐錢造一座塔,如此乃造成此佛塔之城壯觀的景致。

充滿佛意與詩意的古城

　　延綿不斷在廣闊平原上,數千座佛塔星羅棋布的矗立著,即使坐落於荒煙中的遺址,也有一股超脫世俗的模樣,每一塔造型、結構、裝飾多有獨特之處,每個佛塔之後都有一歷史詩篇,正如你我,每一旅人背後也都有一動人故事。

　　在這褐紅色貧瘠的泥土上,大多數人仍然過著悠閒生活,這兒沒有喧囂煩鬧,只有對佛的虔誠。每天清晨的薄霧就在山間寺廟傳來的鐘聲中,逐漸盪開散去。而在迷人的薄霧中,由田間小道走來的是身披紅色袈裟,赤著雙腳,手捧缽罐,接受布施的僧侶,他們或單獨或結成隊伍,腳步輕快而優美,紅色的袈裟在輕霧微風中飄邈盪出一種弧形的美。

　　我到蒲甘第一造訪的佛塔即是位於蒲甘北部平原的布雷迪佛塔(*Buledi Pagoda*),這是蒲甘第二高佛塔,高 *46* 公尺,約 *800* 年前所建,造型簡單,*3* 層四方階梯平臺為基座,上接一八角形階梯平臺,再連接同心圓階梯,頂端為鐘型塔,外觀斑駁,一些灰泥雕飾盡皆破壞,很多地方被漆上白漆當作修補維護,這也是緬甸許多古蹟無法列入世界遺產的原因。

　　為了表示對佛的敬意，進入緬甸所有佛塔寺院均須赤腳，在炙熱的陽光下階梯就像鐵板燒一般，加之此佛塔階梯相當陡峭，故攀爬實在有些辛苦，但攀爬到塔頂時，視野頓時開闊。

　　站在高高的塔頂，可見到周遭眾多佛塔群錯落在紅土與綠樹叢當中，可說舉目所見盡皆佛塔，手指之處便有浮屠。我感到蒲甘的時空是凝結而滄桑的，當初每一帝王一方面為了表示對佛的崇敬，一方面為了展現王朝的輝煌，日以繼夜競相蓋佛塔寺廟，現在看到遠處傾頹的佛塔，依稀可以感受到當時蒙古軍攻城時，旌旗揮動，戰馬與戰象嘶吼的慘烈，如果跨越時空再比這稍早幾年，蒙古軍進攻南宋，襄陽城軍民死守，狀況應更為慘烈吧？1279 年元滅南宋，其後一年挾其餘威對這兒發動致命的一擊，當時緬王為防忽必烈入侵，拆除一千多座佛塔以築城牆抵擋，當然蒙軍占領之後對佛塔百般破壞，加諸以後地震的損毀，使得在蒲甘平原最強盛的 200 年間所布滿多達 5,000 座以上金碧耀眼的佛塔、寺廟，至今只剩 2,230 座保存完好或半傾毀。

　　緬人篤信奉佛教，薄軀體，不迷信風水，一般採薄葬，這與中國視死如視生的觀念不同，中國正因如此觀念，故每一帝王即位後便以全國總貢奉的三分之一大修陵寢，在元軍大肆破壞蒲甘神聖佛塔的稍早幾年，他們也在宋朝境內燒殺掠奪，不同的是元軍破壞的是帝王陵寢，一切拆毀殆盡，甚至把帝王骨骸埋於塔下，稱為鎮王。

　　蒲甘王朝既被元朝所滅，往日不可一世的元朝如今也不復存在，雖令人唏噓「傷心秦漢經行處，宮闕萬間都做了土，興，百姓苦，亡，百姓苦」，但這感覺對緬甸人而言卻未必是對的。外觀斑駁的佛塔，雖見證王朝興衰歷史更迭，但我感覺到的是緬甸人對信仰及生命價值的認同，正如這塔般屹立不搖，也許是這種不變的的虔誠，養成緬人逆來順受，安於貧苦的心性吧！

1　布雷迪佛塔
2　修補維護，就是把很多破損地方漆上白漆
3　瑞西貢佛塔內可憐的石雕馬古蹟被漆成白色
4　乘馬車逛蒲甘佛塔別有一番風情
5　除了乘馬車逛佛塔外，騎腳踏車也是一種不錯選擇

❀ 最大最美最精緻的阿南達佛塔　Ananda Pahto

Ananda 意為永恆，位於蒲甘北部平原區，占地宏偉，是最能代表緬甸早期的佛塔建築。

1090 至 1105 年，阿奴律陀之子江喜陀（*Kyanzittha*）據說受到印度來訪的 8 個僧侶所啟發，而建成這座平原上最傑出的佛殿。這 8 個僧侶告訴江喜陀他們於喜馬拉雅山 *Nanadamula Nanadamula* 洞穴的生活，使江喜陀建這佛塔以展現洞穴視野及佛祖的無盡智慧。佛塔在十八世紀貢榜王朝中期外觀被粉刷過，且 1990 年佛寺落成的 900 周年，頂端被修蓋 50 公尺高鍍金塔頂，從阿南達佛塔的平面圖可以發現，這是希臘十字（*Greek Cross*）建築，採四方對稱設計，是之前不曾出現的設計，同時還結合了孟族佛殿風格。

阿南達佛塔有六個樓臺，一層層內縮以金字塔型往上堆疊至中央高塔，主建築高 35 呎，中央塔高 167 呎，最低層臺樓有 537 塊以巴利語記錄佛生前故事的《本生經》，巨大的雕花柚木門分開通往內部大廳的四個通道，在外走廊有超過 80 個砂岩浮雕，描繪佛陀從出生到成佛的生命過程，走廊上並有多處鑿空以供奉小尊佛像，設計者在廊壁上開有拱型天窗，使光線可照在佛面，極具巧思，整體建築不論牆內、外的白灰泥雕飾都讓人讚嘆。內壁原來含有一些壁畫，但被很粗糙的刷上白漆，此為二次大戰期間，人民避難至此寺內生活煮飯，燻黑了壁畫，整修時被塗上白泥。

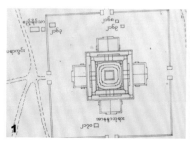

1 阿南達佛塔整體結構採四方對稱設計的希臘十字型建築
2 蒲甘最大、最美、最精緻的阿南達佛塔
3 精美的白灰泥雕飾
4 阿南達佛塔內面向西方佛像
5 立佛遠觀之，顯出歡樂表情
6 立佛近看時，會感到佛顯現出悲哀的表情

　　4 個大殿面對四方，各有一尊高 9.5 公尺的立佛，佛相莊嚴，微微低頭俯視芸芸眾生，四大立佛皆由柚木製造，目前只剩南、北兩面的佛像是原始蒲甘造型，雙手置胸前擺出佛陀布道的手勢。遊客面對南方立佛，當近看時會感到佛顯現悲哀的表情，當遠觀之卻又顯出歡樂表情。

　　而面向東西方的原造佛像於十七世紀大火中焚毀，現在看到再造的是貢榜王朝晚期曼德勒型，身著道袍與南北佛像不同。而東方佛像雙臂垂於身體兩側，右手拇指中指間夾著一小藥丸，如同要解救蒼生苦難，而兩隻位於東方的獅子，以銳角望之猶如魔獸一般。

　　面向西方佛像（代表最近期的佛 *Siddharta Gautama*），其雙手持施願印，右手掌直立代表無所懼怕，阻擋惡魔過來，左手向前伸代表賜福嘉惠眾生，佛像腳邊坐著兩尊雕像，右邊為定上座部佛教為國教的阿奴律陀，另一為孟族和尚 *Shin Arahan*，意謂著經由祂的指引，使阿奴律陀進入上座部佛教世界。

✿ 蒲甘地標：瑞西貢佛塔　Shwezigon Pagoda

　　瑞西貢佛塔為蒲甘地標，位於娘烏區，為全緬甸最大朝聖場所之一。造型簡單，三層四方階梯臺樓為基座，上接一八角形階梯臺樓，再連接同心圓階梯，最後連接鐘型塔，為後來蒲甘平原許多佛塔的建築範本。據說斯里蘭卡國王曾向蒲甘阿奴律陀王進獻一顆佛牙，阿奴律陀讓一隻白象載著佛牙，但白象載運至此忽然停住不前，最後阿奴律陀即在白象駐足處蓋塔收藏佛牙。在阿奴律陀去世前只蓋好塔基，至江喜陀 1102 年時才完工。

　　瑞西貢佛塔四周牆面有《本生經》浮雕，雕錄佛陀還未成佛的前生故事，相當細緻精美。塔的正四方各有一座大佛龕，供奉一尊銅製佛像，兩尊為坐姿，另兩尊為站姿，其中一尊站立佛像，高 4 公尺，為蒲甘現存最大銅製立佛，此立佛右掌立起，代表阻止邪惡，無所畏懼，左手平伸，掌心朝上，三、四指微彎，象徵賜福、普度眾生之意，此佛塔有眾多膜拜者，塔身覆滿金箔，金光四射。一旁有間佛龕放有原始塔頂，此塔頂於地震中墜落，故被供奉於此，有許多信眾膜拜。

　　東南側有一小黃色建物，供奉緬人原始信仰的神靈，37 尊納特（Nat），包括保護 Popa 山的女神，保護嬰兒的醫神，統領野獸動物的神靈及掌管河川的河神等，在左末端有一貼滿金箔的納特神王 Thagyamin 石像，此為緬甸最古老的納特神王獨立石像。

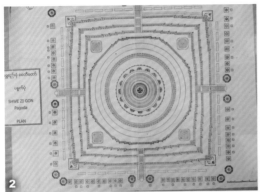

1　蒲甘的地標，瑞西貢佛塔

2　瑞西貢佛塔結構圖解說：3層四方臺樓為基座，上接一八角形臺樓，再連接同心圓，最後連接鐘型塔

3　佛塔四周的《本生經》浮雕

4　美輪美奐的階梯臺樓

5　階梯臺樓前有一小金盆，內盛有水，當低頭視之，可見佛塔倒影，據說是為了便於國王祭拜

6　蒲甘現存最大銅製立佛

7　掌管山林野獸的納特神

8　保護嬰兒的醫神

9　納特神王

✿ 為贖罪業而蓋：達瑪雅吉神廟 Dhammayangyi Patho

　　達瑪雅吉神廟位於蒲甘中部平原區，建於 1167 年，為蒲甘那羅多王（Narathu）所建，由 6 個巨大露臺組成，外型如金字塔，四面各為 68.6 公尺，為蒲甘平原面積、體積最大，城牆最厚，最雄偉的神廟，內部採光良好，上層迴廊尤其精美。

　　傳言那羅多王被惡魔山妖 Tangyi 所附身，因此為了要奪權而殺了父兄，並娶父親妻子，一名印度公主為妻子，最後卻又為宗教儀式而殺死她。那羅多王為了贖自己的罪業，故立誓要蓋全蒲甘最大佛塔，但在蓋塔期間仍然惡行不斷。他的要求十分嚴苛，若磚塊之間插進一根針，就砍斷工人手指。曾有和尚預言，他的廟充滿詛咒，將不會有人民膜拜。而在此神廟落成前，印度公主的父親就派 8 名男子假冒成婆羅門祭司，殺了那羅多王。

達瑪雅吉神廟的建造原理是模仿阿南達佛塔，所以主殿裡理當有兩道迴廊，但最裡面那道迴廊卻以磚塊、石礫封死，只留下東殿及佛像，讓專家不解。經後人挖出的小通道，專家才發現迴廊裡居然藏有灰泥雕飾和剝落的壁畫，顯示此迴廊是在完工後才封起，但原因不明，有人認為是為防止主建築塌陷的粗糙作法。但另一種說法是那羅多王被謀殺後，長久被壓抑憤怒的人民想破壞神廟，但被那羅多王的女兒阻止，只把某些迴廊封閉，以減弱惡靈的力量。也有傳說一和尚進入神廟內，打敗惡靈，解除附加於達瑪雅吉神廟的詛咒。基於種種傳說，吸引參觀者莫不仔細觸摸磚牆緊密的接縫。現參觀達瑪雅吉神廟內部，只能沿外圍走廊，要注意走廊內有很多蝙蝠。

此神廟另一有趣之處，在於罕見的現在佛與未來佛並肩而坐雕像。釋迦牟尼佛在講法時，談到現在佛和未來佛，祂自身是現在佛，原始六佛是過去佛，而未來佛是要到末法末劫的時候，下世救度眾生去未來世界的佛，又稱彌勒佛，藏語謂「強巴」；彌勒為梵文*Maitreya*的音譯簡稱，是懷大慈悲之心之意。據佛經記載，釋迦牟尼佛說祂的弟子阿逸多將修成彌勒佛。阿逸多出生於古印度波羅奈國一個婆羅門家庭，後隨釋迦牟尼出家，成為佛弟子，在釋迦牟尼圓寂前便先行去世。

釋迦牟尼曾預言，阿逸多離開此世間後的幾千年，會下世救度眾生。但令人不解的是，那羅多王建此雙佛並坐的目的為何？

1　達瑪雅吉神廟
2　達瑪雅吉神廟內的古佛
3　達瑪雅吉神廟外圍有一很厚的圍牆
4　達瑪雅吉神廟建築時，被嚴格要求磚牆不允許有被針插進的縫隙
5　達瑪雅吉神廟
6　以磚塊、石礫封死的迴廊
7　內層迴廊可明顯發現被刻意封死

✾ 表達內心鬱悶不滿的瑪努哈佛寺　Manuha Temple

位於明卡巴區的瑪努哈佛寺與一般佛塔不同，讓我感到印象深刻的不是它雄偉的建築，而是寺內具壓迫感的佛像。

歷史記載，*1057* 年阿奴律陀王發兵攻打 *Thaton* 王國得勝，並抓回瑪努哈王（*Manuha*）及其整個王族和 *3* 萬人民，遭軟禁的瑪努哈王雖仍被允許有少許侍從，但不許回家鄉，瑪努哈王百般鬱悶，尤其看到阿奴律陀王、王后、貴族、王子和公主都建造大大小小佛塔，於是他為了自己來世的業報，就變賣珠寶，換得 *15* 牛車的黃金，於 *1067* 年建蓋此廟，並將佛像塑成被囚禁般侷促，以表達內心不滿。

瑪努哈佛寺裡有 *3* 尊坐像和 *1* 尊臥佛。*3* 尊坐佛中最高者為 *14* 公尺，右手觸地，手指很長，胸圍突出，臉型嚴峻瘦長，帶有高聳鼻梁的鷹勾鼻，和後期佛像明顯不同，學者認為是蒲甘最早的佛像。另兩尊小坐佛高為 *10* 公尺，臥佛長 *27.4* 公尺，頭是指向北方，象徵佛祖進入涅槃。整體建築，佛像距牆壁都只容 *1* 人側身經過，令人有透不過氣的感覺，對瑪努哈王當時的鬱悶心情深有同感，這或許就是他本意吧？

當我步出此佛廟時，正好有一批很熱鬧的隊伍經過，頭陣是一名赤著上身的男子，手拿著弓，背部揹著箭，手腳不停舞動著，有點類似臺灣的乩童，而後面跟著整列穿著緬式盛裝的男男女女，接著又有捧花的長列以及擊鼓的樂隊，本以為是迎神這類慶典，但導遊告訴我們，這是小孩入廟儀式，果然最後面跟來一列撐著花傘的婦女，想必是小孩親人，接著是約二十幾匹馬，馬上載著身穿五顏六色服裝的男童女童，他們都塗上腮紅胭脂，頭戴飾帽，表情肅穆，想也知這是一件重要而神聖的事。導遊解釋：「凡信奉佛教家庭的孩子，均在 *5* 至 *15* 歲間入寺當沙彌，過靜修生活，一般最短為一星期，家境較好的就會舉行隆重的出家儀式，就像這樣。」

我想也是，富裕的家庭才能如此，一般家庭窮得都還得到寺院受教育呢！無論如何，見著這熱鬧的場面，剛好排除在瑪努哈佛寺內那種鬱悶感，實在是件愉快的事。

1　臥佛處在一狹小空間，令人感覺壓迫，透不過氣來
2　小孩入廟儀式

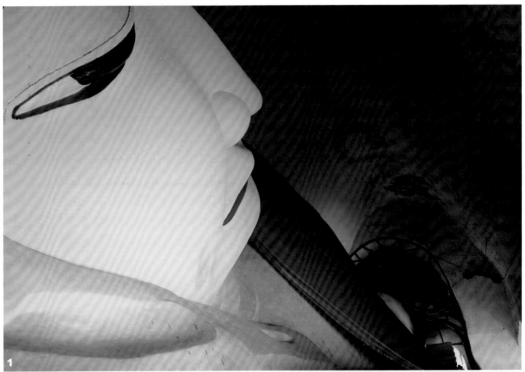

❀ 觀賞落日最好的地點：瑞山多佛塔 Shwesandaw Pagoda

瑞山多佛塔位於蒲甘中部平原區，阿奴律陀於 1057 年建造，為五層平臺，最上頭是一圓柱形佛塔，平臺邊牆有陶土磚描繪的幾百幅《本生經》，但現已不存在。

Shwesandaw 意為金色聖髮，因佛塔底下埋著佛陀髮絲。據說阿奴律陀要求孟族王給予佛教教義《大藏經》副本，遭孟族王拒絕後出兵征服孟族 *Thaton* 王朝，其後孟族瑪努哈王貢奉佛陀髮絲給阿奴律陀，阿奴律陀遂築此塔供奉。此佛塔位於蒲甘平原最高點，也是當時蒲甘王朝版圖的中心點，塔高 328 呎，往西可以俯視蒲甘平原全景，是觀賞落日之最好場所。

傍晚到這兒時已有許多遊客在等待看日落了，如果不早到些還不一定能找到好位置呢！來這兒的旅客以歐洲人占大多數，嚴格講在軍政府開放前，這兒是德法等歐洲人士的天下，直到最近亞洲遊客才增多。登上瑞山多佛塔，往下一望多是人頭與遊覽車，往遠放眼望去盡皆佛塔，漸漸地夕陽西沉，在這乾癟的紅土上，竟有一層霧濛濛的感覺，造成令人驚豔的光影變化，落日餘暉就這麼輕易的揮灑出無數佛塔的剪影，夕陽依舊，但王朝過去的輝煌就如暮色般退去燦爛，望之，有一種述說過去榮耀的滄桑。

然後夜幕像一層薄紗輕輕撲下，輕柔得就像怕驚醒了情人一夜好夢。一切璀璨歸於淡然，就像回歸佛意中的寧靜與和諧。此時心中卻升起一股不該有的無明，暮然想起唐朝杜牧的〈江南春〉。

千里鶯啼綠映紅，水村山郭酒旗風；南朝四百八十寺，多少樓臺煙雨中。

世局變化，滄海桑田，正如同眼前那興盛一時的佛寺，當初數量何其之多，然而物換星移，徒留煙雨霏霏中的那聲嘆息吧！

---

1 瑞山多佛塔觀賞落日
2 瑞山多佛塔是眺望蒲甘平原及落日的好場所

✿ 伊洛瓦底江落日

　　由伊洛瓦底江上來觀賞蒲甘佛塔及落日，又是另一種截然不同的享受，伊洛瓦底江是緬甸的母親河，東支來自西藏恩梅開江（N Mai Hka），西支來自克欽邦邁立開江（Mali Hka），來到緬甸中部的伊洛瓦底江，給我的感覺是悠悠漫漫的，江面廣闊流水平靜，一如緬甸人內心純樸世界，但江畔卻又展現出他們的活力。

　　我們可見到一籮籮的果菜、砂石被頂在頭頂，由小舟扛上岸邊，以及在岸邊身圍籠基洗衣或洗澡的男男女女，他們一切一切的生活都離不開這條母親河。坐在小舟徜徉於伊洛瓦底江，無疑是一種極大享受，微風徐徐，江面泛起微微漣漪，一天的疲憊可以在此完全放鬆，盡情的以另一種角度瀏覽錯落於江畔的無數佛塔，當日落時分，夕陽邊緣輪廓顯得格外橙黃渾圓，映染了半片江面，翦出無數漁人曼妙身影，「一道殘陽鋪水中，半江瑟瑟半江紅」的景象直叫人醉臥。

✿ 其他旅遊資訊

江錫塔烏明 Kyan Sithar Umin

　　阿奴律陀時建物，為一磚造寺院，有許多修道的洞穴，一半在地面，一半在地底，當時早期的觀念受孟族影響，認為佛像與修道者均須在陰暗處才能顯現莊嚴與神聖，故建築及迴廊顯得陰暗，內有非常美的壁畫，約成於十一至十三世紀，有些繪有蒙古軍隊，故被認為是蒙軍占領蒲甘時期加繪上去，可惜壁畫遭受嚴重破壞。

古彪基佛塔 Gubyaukgyi

　　於 1113 年江喜陀死後其子 Rajakumar 所建，塔頂混合印度建築特色，但其內部佛像仍為典型緬族造型，佛臉龐較圓潤、脖子粗短、頭髮平滑不捲曲、且手指 2、3、4、5 指等長。佛塔內部以 544 幅精美的壁畫聞名，所以又被稱為「*Great Painted Cave Temple*」。這 544 幅圖以一格格長寬約 12 公分的小格排列，述說佛陀成佛前的故事，雖然年代久遠，依然可以看出當初精細工夫。細緻灰泥外牆浮雕精美，仍保持良好。驃族式的 49 格穿孔窗子，以及天花板上的壁畫均值得看，可惜塔內不准拍照。

1 婦女頭頂著由河中撈獲的砂石
2 伊洛瓦底江落日
3 江錫塔烏明修道院
4 古彪基佛塔
5 典型緬族造型的佛像
6 灰泥外牆浮雕細緻精美
7 驃族式的 49 格穿孔窗子

阿羅陀比 Alotawpyi

　　著名的願望實現之塔，江喜陀建於十一世紀；成為國王之前，江喜陀路經此地，嚴正指出他期望能成為統治蒲甘王朝的帝王，故願望實現後回來建立佛塔。前來膜拜的信眾，不但在塔上敷金箔，佛像上也貼滿金箔。阿羅陀比佛塔最珍貴的寶藏就是內部壁畫，畫中佛像融合了早期孟族佛像的特徵，姿勢也表現蒲甘早期的畫法，濃豔繁複。佛塔四周都開十字形窄窗，門窗上飾以火焰式門楣，富麗堂皇；佛像眉心及左右法器都鑲有寶石。

醯路彌路佛塔 *Htilominlo Pahto*

　　根據歷史所記載，蒲甘那羅波帝悉都王（*Narapatisithu*）曾利用白傘倒地的位置，自 5 個兒子中選立王儲，結果選中最小兒子 *Nadaungmya*，此後他被稱為醯路彌路（*Htilominlo*），*Hti* 為白傘之意，而 *Htilominlo* 意指受國王及白傘所青睞。

　　醯路彌路繼位後，便在白傘倒下之處建立此寺以為紀念。醯路彌路佛塔設計與蘇拉瑪尼佛塔（*Sulamani Pahto*）相似，為印度式建築，整體觀之是一立於平臺上的三層紅磚建築，高 46 公尺，邊長 43 公尺，四面有鍍金佛像，有的佛像為頭髮平滑不捲曲、且手指 2、3、4、5 指等長的緬式佛像，而有些是印度式佛像，廟寺門口有精美雕刻浮雕，拱形門楣上的火焰形雕飾仍然保持良好，外牆上的灰泥雕飾及含釉面的砂石裝飾極盡繁複之能事。

　　原來述說佛陀生前故事的釉面陶土雕飾已不復存在，現在除了幾何圖形的雕飾外，也有一些佛像及神話中動物的立體浮雕，仍然非常華麗。殿內牆上的壁畫保存良好，除了佛像彩繪外，壁面頂端是些星相圓圈等幾何圖案。廟寺外圍小攤雇有長頸族婦女織布，以招攬來客。此塔毀垮於 1975 年地震後再整修，現已禁止登塔參觀。

1　阿羅陀比佛塔
2　信眾正幫佛像貼上金箔
3　醯路彌路佛塔
4　廟寺門口有精美雕刻浮雕

蘇拉瑪尼佛塔 Sulamani Pahto

建於 1181 年那羅波帝悉都王統治時期，Sula 為小之意，mani 為紅寶石，Sulamani 又名「王冠上珠寶」，號稱全蒲甘最美的佛塔。據歷史記載，當那羅波帝悉都王登上 Tuywin 山時，看到一顆紅寶石在窪地中發光，覺得是佛的指示，便在那塊地上建蓋蘇拉瑪尼佛塔。

佛塔磚石壁畫藝術非常美麗，且保持完整，有坐佛、臥佛及罕見行走佛，豐富生活題材，涵蓋神佛、鬼怪、歌舞晚宴、龍船比賽，筆法細膩中帶有樸拙，塔東南處繪有當時生活情況。佛塔分上下兩層式結構，為蒲甘晚期建築的代表，這座寺廟建築受達瑪雅吉神廟影響，並且是往後醮路彌路佛塔建築的模板，採光良好，還有全蒲甘最美的灰泥雕飾，內設有 5 通道，都通向神廟正殿，有如鑲在王冠上的珠寶，每道門都飾有半浮雕的小塔及大量火焰造型的門楣，雖然學者認為很多壁畫可能是貢榜時期後人所畫，但仍值得一看。整個建築群由一道高高的圍牆包圍住，牆的內側據推測一度曾林立了 100 多間寺院。

斯威古吉佛塔　Shwegugyi

1131 年 *12* 月落成的斯威古吉佛塔是「黃金洞」（*Great Golden Cave*）之意。此塔為阿隆悉都王（*Alaungsithu*）的心血結晶，也是蒲甘中期建築的代表作，由早期的陰暗、與世隔絕，轉變為明亮。

斯威古吉佛塔外表秀氣，並飾以繁複精緻的灰泥雕飾，大量的窗門使室內光線充足，門板上的木雕刻也十分細緻。內殿的兩塊石碑上刻有 *100* 節的梵文詩，歌誦阿隆悉都王的偉大及創建斯威古吉佛塔的宗旨，還寫明此廟於 *1131* 年 *5* 月 *17* 日開工，*7* 個月完工；由於離古王宮遺址不遠，所以學者認為它是王室佛塔之一。

但令人遺憾的是，阿隆悉都王竟也是在此寺被兒子那羅多活活悶死，使斯威古吉佛塔帶上一點悲劇色彩。

達比紐佛塔　Thatbyinnyu Pahto

蒲甘最高的佛塔，高 *63* 公尺，白色方形加鍍金塔頂，名稱源自佛陀無所不知，學問精深之意，此塔並有「神廟」之譽。

此塔由阿隆悉都王建於 *1144* 年，為蒲甘中期成熟技術的代表作。不對稱的十字形建築，反映出由早期的孟族建築形式轉成另一創新建築形式。建築分三層，第一層做為膜拜佛祖，第二層為圖書館，第三層為僧侶修煉之處，其露臺有 *539* 幅未加任何修飾的本生圖，故有些學者因而認為此塔並不特別神聖。*1975* 年受地震嚴重損壞，*1979* 及 *1990* 年再整建，由於磚構負荷考量，現仍無法登高鳥瞰蒲甘及伊洛瓦底江。

INFO

佛塔套票

5 日遊套票，15 美元。購買套票有下列方法：
（1）娘烏機場購買。
（2）Nyaung U-Kyauk Padaung Rd. 的售票中心購買。
（3）娘烏渡船碼頭購買。
（4）伊洛瓦底江渡船碼頭購買。
（5）請飯店代買

1 蘇拉瑪尼佛塔
2 美麗的灰泥雕飾
3 採光良好
4 壁畫仍然保持良好
5 斯威古吉佛塔是蒲甘中期建築的代表作
6 達比紐佛塔

伊洛瓦底江

瑞西貢佛塔

江錫塔烏明

娘烏

古彪基佛塔

Bogan-Nyaung Rd

Anawratha Rd.

醯路彌路佛塔

舊蒲甘

葫蘆形佛塔

撒拉巴城門

阿南達佛塔

阿羅陀比

布雷迪佛塔

斯威古吉佛塔

達比紐佛塔

瑞山多佛塔

蘇拉瑪尼佛塔

Muat Lay Rd.

吉祥寶塔

達瑪雅吉神廟

瑪努哈佛寺

新蒲甘

蒲甘市旅遊地圖

對外交通

✈ 飛機
- 仰光→蒲甘，1.5 小時／ 90 至 100 美元。
- 曼德勒→蒲甘，0.5 小時／ 42 美元。

🚌 巴士
- 仰光→蒲甘，12 小時／ 20 美元。
- 曼德勒→蒲甘，10 小時／ 30 美元。

⛴ 船
- 曼德勒→蒲甘，10 小時／ 8 至 40 美元，視船等級而定。

  豪華遊輪 Myanmar River Cruises：myanmarrivercruises.com/road-to-mandalay.php

  RV Min Kyan Sit：amazing-hotel.com/all-amazing-hotels-resorts/transportation/rv-min-kyan-sit

市區交通

租單車一日／ 2 美元，僱馬車 20 美元，包車 30 美元，僱馬車與包車均可議價，視行程多寡而定。此外也可於住宿地方報名參加一日遊（325 美元），蒲甘→博口固市→蒙育瓦→曼德勒。

住宿

🏠 Thazin Garden Hotel
布置得很用心，抬頭望出即可見佛塔。
- 地址：22, Thazin Rd., Kyawswar Qr., Bagan
- 電話：061-65044
- 價格：80 美元

🏠 New Park Hotel
提供基本設施。
- 地址：4 Thiripyitsaya Block No. 4, Nyuang-oo, Bagan
- 價格：25 美元

🏠 Bagan Hotel River View
可觀望美麗河景。
- 地址：Between Gawdawpalin Temple & Archeological Museum, Nyaung Oo District, Bagan
- 價格：80 美元

殖民風情的避暑山城
曼德勒省彬烏倫鎮 *Pyin U（Oo）Lwin*

　　彬烏倫屬曼德勒省，在曼德勒東北 *67* 公里處，*2* 小時車程，海拔 *1,070* 公尺高，十九世紀末英國人將鐵路延伸至此，成為避暑山莊，也是夏季英國殖民政府的行政中心，保留大量英國殖民時期的建築，很多建築品質優良，保存完好，一棟棟英式別墅、英式花園，滿街的英式馬車，整個格局就是一個純英式的度假勝地，現不少老舊別墅被改成具有懷舊氣息的旅館，一進入此區就感到一股濃郁的英國小鎮情調。此區約有 *5,000* 名尼泊爾人、*1* 萬名印度人，都是那時修築鐵路的工人後裔。

　　車子經過一營地時，導遊便說：「彬烏倫現有不少緬甸軍方營地，緬甸軍事大學也設於此地，以訓練軍人。」聽到此，我不禁笑出來，「不是說吃得苦中苦，方為人上人嗎？」連訓練地都要建在此避暑勝地，如何訓練出紀律如鋼的軍人呢？這時一輛軍方卡車經過，我搖下車窗正想拍照，導遊馬上制止我：「軍方不喜歡被照相，這樣會影響到我的導遊執照。」不是開放了嗎？看來緬甸的民主化還有一段路要走。

我們刻意找了家叫「*Golden Triangle*」的英式咖啡館，邊品茗道地的英式咖啡，邊盡情端詳這英化小鎮的形形色色。這兒民眾的穿著與緬甸其他地區不同，一般緬人喜好穿著的籠基，在這兒幾乎看不到，取而代之的是滿街的牛仔褲與迷你裙；另外緬人喜歡塗在臉上的庶民美容保養品達娜咖，也由民眾的臉上消失了，還有一直讓遊客詬病的緬文汽車牌照，這兒卻出現許多以阿拉伯數字呈現的車牌，在在說明此地西化相當之深。

其實由彬烏倫發展的歷史也約略可以明瞭此鎮西化的必然。彬烏倫在 *1896* 年之前原本只是個小村莊，但後來經一位英國上校 *James May* 把此地建設得有模有樣，故殖民時期以此上校之名 *May* 命名，命名為「眉苗」（*May Myo*），即 *May Town* 之意，*May* 在緬甸共居住 *22* 年，與緬甸人民相處極好，緬甸於 *1980* 年代興起全國改名運動，把英人取的地名改成具緬甸色彩的名字，故 *1989* 年眉苗被改稱 *Pyin U*（*Oo*）*Lwin*。

搭乘馬車閒逛彬烏倫無疑的是一種享受，達達的馬蹄聲中一棟棟英式別墅羅列兩旁，每棟庭院都植滿了花木，在一片花團錦簇綠意盎然中，令人彷彿穿過時空進入某一英國小鎮。還是導遊的聲音把我喚回神：「這棟起碼 *100* 萬美元、那一棟起碼 *150* 萬美元。」我問：「會不會跌？」導遊一面搖搖頭，一面用右手食指指向天空，越指越高表示房價漲個不停。這我可不懷疑，當初搭緬甸國內航線飛往浦甘時，在機上看到曼德勒房市廣告不也是這個價位？何況這兒的氣候與緬甸其他地區相比，確實有她得天獨厚之處。

當晚就由這輛馬車載我們到一棟英式別墅內享用燭光晚餐，更棒的是馬夫願意等我們用餐 *3* 小時，是夜就在習習涼風下踏著夜色，搭乘馬車回旅館，就像影片中的紳士淑女赴完晚宴後乘興而回，真難相信這是緬甸。

回旅館後我遍尋不著冷氣，按了服務鈴請服務人員來詢問冷氣開關在哪，他們給的答案是搖搖頭，沒冷氣裝置。「那晚上太熱怎麼辦？」半夜時我才發現這問題有多蠢，竟然冷到要用旅館備在衣櫃中的暖袋，真難相信這是緬甸。

1　彬烏倫到處矗立著英國殖民建築
2-3　傳統包覆式馬車為彬烏倫特有

1 國家植物園
2 安社甘達寺
3 普威克瀑布內靠瀑布水力推動的迴轉遊樂園

✽ 彬烏倫旅遊資訊

國家植物園
National Kandawgyi Gardens

　　1915 年開工，1924 年完成，擁有 482 種本地或外來樹木，250 種緬甸蘭花，此外有蝴蝶館、化石館等，並有一瞭望塔 *Nan Myint*，於此可鳥瞰全景，整個園區占地 176 公頃，規模僅次於新加坡，為亞洲第二大。

安社甘達寺
Aung Htu Kan Tha Paya ／
Pyichif Pagoda ／ Patriotic Pagoda

　　1997 年 4 月，有名中國商人自曼德勒運送一座 17 噸重白色大理石佛像前往中國，但卡車行經此地卻無法發動，後來用盡了方法仍然無法移動，頓時大家領悟到此佛像表明要留在緬甸，於是在這兒建立佛塔安置佛像，並在此佛塔木柱上塗漆再貼上金箔。

普威克瀑布
Pwe Kauk ／ Hampshire Falls

　　是個小瀑布，但環境與周遭樹林搭配得很好，予人一種放鬆清幽的感覺，附近的居民常全家至此遊玩。此瀑布內有一迴轉遊樂園，有獅、馬等造型供小孩騎乘，其特殊處是動力靠瀑布的水力推動。

國家植物園

位置：Nandar Rd., Pyin Oo Lwin
開放時間：8am~6pm
門票：成人 5 美元，孩童 3 美元

安社甘達寺

位置：離彬烏倫市區 8 公里，馬車車程 20 分鐘，位於彬烏倫往臘戌公路邊
開放時間：8am~6pm
門票：免費

普威克瀑布

位置：在彬烏倫郊區，位於彬烏倫往臘戌公路邊
開放時間：8am~6pm
門票：500 緬幣（使用相機需另付 300 緬幣）

交通

🚌 巴士

· 曼德勒→彬烏倫，1.5 小時／ 3 美元，野雞包車載客每人 4 美元（一車 4 人），也可透過當地旅行社安排導遊加車子，一日／ 100 美元。

· 曼德勒→仰光，16 小時／ 15 美元。

🚆 火車

曼德勒 ——————→ 彬烏倫 ——————→ 臘戌
　　　5 小時／ 4 美元　　　　10 小時／ 8 美元

彬烏倫市區交通：馬車 12 美元，摩托車 6 美元，腳踏車 3 美元。

住宿

🏠 Kandawgyi Hill Resort

殖民時期樣式，很有特色，小而美，物超所值。

· 地址：Nandar Rd., Across from Kandawgyi Botanical Gardens, Pyin Oo Lwin
· 電話：08-521839
· 價格：50 美元

🏠 Hotel Pyin Oo Lwin

4 星級，峇里島風。

· 地址：9 Nandar Rd., Near Botanical Garden, Pyin Oo Lwin
· 電話：08-522881
· 價格：100 美元

番紅花革命起源地
馬圭省博口固市 *Pakokku*

　　由蒲甘往北 25 公里，車程 20 分鐘，會經過緬甸橫跨伊洛瓦底江最長的博口固大橋，對岸即是伊洛瓦底江畔的一個平靜小城，博口固市。博口固是仰光西北佛教學習中心，還沒接觸到太多的觀光客，但媒體報導此地於 2007 年發生番紅花革命（*Saffron Revolution*），蔚為民主起源地，因而聲名大噪，既知如此，我當然不會放過，一直要求導遊帶領我們前去朝聖。

　　「番紅花革命，……是什麼？」導遊有點被我弄糊塗了。接著他撥打手機詢問相關人員，甚至問了博口固當地人，但沒人知番紅花革命是什麼東東？更別提它的起源地了！最後我只好按時間點，把我所知的一點一點告知導遊。

　　「喔，和尚抗議事件！」導遊恍然大悟。

　　原來當地人，甚至緬甸人，都不知此事被外界稱為番紅花革命，他們很單純認為這是和尚帶頭的抗議事件，只不過後來抗議擴大了。番紅花革命是西方媒體自己加上去的稱呼，事件中的主人翁自己反而不知呢！

　　番紅花革命起因是 *2007* 年 *8* 月 *15* 日，當時執政的軍政府突然取消燃油補貼，導致柴油和汽油的價格狂漲高達 *66%*，天然氣、公車票價在不到一周的時間內增加五倍，因而由此地中心寺（*Myo Ma Alhe*）的僧侶發起和平示威地方抗議，結果卻遭暴力鎮壓，進而引起全國性反軍政府要求民主的示威。中心寺在當地人的指引下倒是很容易就找到。外觀不起眼，就是一個漆上白漆的牌樓，裡頭的結構也是木造高腳屋，與一般寺院並無不同，有些小沙彌及僧侶在庭院洗袈裟，高腳屋內有幾個長相斯文的僧侶探頭外望，很親切的跟我們打招呼，手中握著書，我瞥了一眼，心中一驚。

　　「老天，是關於翁山蘇姬的書呢！」原來他們在讀幾年前的禁書，這也難怪，緬甸僧侶對教育負有相當大的責任，他們涉入政治也最深，看來番紅花革命的民主火苗還未熄，在等待另一時機吧。當地人告訴我，自從「那一次」之後，緬甸人愛屋及烏，博口固市的菝草及庶民美容保養品達娜咖因此大為出名，看來山不在高，有仙則名，寺院不也如此。

中心寺
位置：蒲甘北方
25 公里，徵得同
意始可入內參觀

★★ 交通／住宿資訊 ★★

交通
可搭專門往來馬圭、蒲甘、博口固市、蒙育瓦與曼德勒間的巴士 AGB Bus（AngBar Bus Company），但班次少時間常會更動，需於住宿旅館詢問。由蒲甘的 Nyaung Oo（娘烏）市場上車至博口固約需 1.5 小時。

住宿
條件不佳，建議住蒲甘或蒙育瓦。

1 中心寺為番紅花革命的起源地
2 探頭外望的僧侶

緬甸敦煌

實皆省蒙育瓦市 *Monywa*

由博口固市再往北行，會進入屬實皆省的蒙育瓦，這裡是蒲甘與曼德勒之間的中繼站，以粗棉氈聞名全國，人口約 30 萬。

✿ 洞穴石窟

蒙育瓦西岸有坡穩擋（*Powin Daung*）和瑞霸擋（*Shwe Ba Daung*）兩個洞穴石窟。坡穩擋有 947 個岩洞，裡面布滿石雕佛像及精美古壁畫，這些洞穴石窟都是幾百年前修道的人以簡單的工具，一斧一鑿開挖出來的。

我問：「幹嘛不像其他地方用磚蓋或石灰泥砌？」導遊說：「這山頂什麼都沒有，除了鑿洞流血流汗外，他們必須忍受酷熱及嚴寒，越辛苦越覺得自己的虔誠佛祖感受得到。」我明白這是一種苦行僧修練，刻意折磨自己，忍受劇烈的痛苦，隱隱約約我似乎可以感受到他們每鑿一下石壁，就覺得把一身的罪過像那脫落的石屑般給清除掉，但是修行非得要苦行才能找出人生價值？才能讓佛祖感受到善心嗎？

1 坡穩擋山洞穴石窟內古樸佛像
2 不知是人模仿猴子還是猴子模仿人
3 坡穩擋山洞穴石窟內令人驚豔的壁畫

1 坡穩擋山洞穴石窟　　　　3 坡穩擋山洞穴石窟內古樸佛像
2 坡穩擋山洞穴石窟外托缽的比丘尼　　4 坡穩擋山洞穴石窟內令人驚豔的壁畫

　　途中我遇到幾個比丘尼盤腿而坐，微閉雙眼，身前擺個缽，等人布施，也見到幾位身披袈裟盤腿坐在洞外修煉的僧侶，但更多的是餵食猴子的居民，整個坡穩擋山區都是猴子，可說是猴子山。我問多久餵一次，一位年長的大嬸透過導遊告訴我：「有空就來。」隨手又把手上盤中的番茄往旁一撒，霎時引來一大堆猴子搶食。我接著問：「這兒山上有種番茄？」大嬸說：「花錢山下買的！」

　　她告訴我，因為猴子保護這山，就像裡頭供奉菩薩的護衛，所以信眾每天由山下背番茄來餵猴子。對談中我得知她們一日三餐最多 1 美元，卻捨得花錢每天餵猴子，這就是緬人的觀念，一心向佛，此生再辛苦都無怨尤，只求來生的福報。

✿ 火山岩峭壁雕鑿出的寺院與寺廟

接著我們又去瑞霸擋，這兒布滿由火山岩峭壁雕鑿出的修道院和寺廟，有點像敦煌莫高窟，但規模較小，由於是岩石鑿出的，鑿洞的過程應更辛苦，這兒比坡穩擋管理較好，地面也較乾淨，至少沒猴便。

在一岩洞寺廟前，有一個管理者正好要牽腳踏車入廟內，我一邊脫鞋襪，一邊說：「是不是腳踏車車胎也要脫掉，對佛才尊敬？」「哈哈！」聽導遊翻譯後，那管理者對我豎起大拇指笑了出來。接著，這個管理者甚至還主動鼓吹我們幫佛像貼金箔，一路行來我本身沒這經驗，所以也樂於從善如流，1美元可買三張金箔，用之前得把金箔上的護貼撕掉，由於很薄所以需小心翼翼，接著用淨水稍塗於佛身欲貼之處，最後再把金箔蓋上，來回用手指按壓幾次便大功告成。

令我驚奇的是，這兒女性也可以貼金箔，不像有些地方連靠近佛身都不行，離開時我只希望以後進入這寺廟的腳踏車真能脫掉輪胎，或者先把輪胎給擦拭一番，若真如此，佛祖該更保佑我吧！

---

1 瑞霸山修道院
2 貼金箔於佛身的初體驗
3 牛嘴要套竹籠
4 曬乾中的紅色辣椒

✿ 佛祖的眼珠不見了

　　蒙育瓦是中緬甸與印度間的一個重要貿易樞紐，農產品來自周圍欽敦村（*Chindwin*），包括豆類、橘子、棕櫚及糖，還有當地生產的棉花、麵粉、麵條及食用油等。

　　欽敦河是伊洛瓦底江最大支流，蒙育瓦就位於河東岸，在曼德勒市西北方 136 公里，也是欽敦河泛舟起始點，但目前受限於設施，旅客極少。由蒲甘可經河道或公路而至，或由曼德勒市搭火車、汽車到達；要來這都會先經過半沙漠土地，到處可見綠豆、豌豆、大蒜等農場，一路上也常常會見到堆得高高的紅色辣椒堆，還有載滿作物稻草的牛車，這兒的牛車有個特殊現象，每隻牛的嘴都套上一個小竹籠。

　　「為什麼牛嘴要套竹籠呢？」我問道。導遊告訴我：「為了防止牛偷吃草。」其實我對這答案並不滿意，一車載滿兩三個人高的稻草，牛又能吃多少呢？總覺這牛有些可憐，不過緬甸連牛看起來都很快樂，就像牠主人一樣。這兒每年 11 月有持續好幾日的寶塔節，那時會有來自各村落的村民於此享受舞蹈及音樂，據說大家都會駕牛車來，幾百輛牛車聚在一起，場面的壯觀程度可想而知。

　　蒙育瓦有個地方非去朝聖不可，那就是瑞根尼佛塔（*Shweguni Pagoda*），其內神像有千年以上歷史，是上緬甸重要朝聖地，到這兒可以見到信眾虔誠的頂禮膜拜佛祖，有的小心翼翼在佛祖身上貼金箔，現今佛像全身被貼滿金箔，形象已無法辨識，其中佛像的眼睛被金箔貼得像棒球一般大，因信眾相信如身體何處有毛病，只要把金箔貼於佛像該處即可獲幫助，由此點可充分反映出該地區眼睛是主要健康問題，以醫學角度來說值得深思。

1 身體何處有毛病，就把金箔貼於佛像對應位
　置，此處佛像眼睛已被貼得如同棒球一般
2 趕羊技巧現代化
3 像螞蟻般地扛著重物

4 笑口常開的工作中少女
5 紡織中的樂天少女
6 忙著把菸草葉曬乾的農婦
7 部分農家開始用太陽能板

✿ 蒙育瓦旅遊資訊

坡穩擋 Powin Daung

　　為佛像洞窟群，位於欽敦河西岸坡穩山（*Phowin Hill*）上，坡穩山為臥佛山形，因煉金士 *Zawgyi*（*alchemist*）*U Hpo Win* 曾住這兒而得名，意為隱士獨自修行的山。

　　整區有超過 *100* 個大大小小岩洞，有的內有巨大臥佛，而有些洞穴則有許多小佛像，據估算約有 *40* 萬幅佛像和幾何學圖樣壁畫，有些壁畫以 *3D* 表現，視線以上是遠方，視線以下是近處，推算完成於十七、十八世紀，有些甚至是十四世紀產生。坡穩擋每年 *11* 月有慶典，屆時 *12* 間寺院會舉辦徹夜或長時間的靜坐。坡穩山也是緬甸最早有人煙之地，西面的 *Pon Daung Pon Nya* 山脊曾發現澎攩人（*Pondaung*）化石，估計距今超過 *3,000* 萬年。

124

瑞霸擋 Shwebataung Paya

由坡穩山再往前即是瑞霸山（*Shwe Ba hill*），位於欽敦河堤岸西側，是由火山岩峭壁雕鑿出的修道院和寺廟，寺院內有佛像和十三至十八世紀的壁畫。

喬卡村 Kyaukka Village

喬卡村自貢榜王朝以來即是漆器村，名聲僅次於蒲甘，唯蒲甘漆器基本上講求精緻時尚，而這兒漆器較具典型的緬甸風格與實用。喬卡村郊區原來是火山口，現是一美麗的湖。

瑞根尼佛塔 Shweguni Pagoda

位於蒙育瓦東方 *32* 公里，瑞根尼佛塔為 *Thin Dharnma Thawka* 王所建，當時稱 *Myo-Oo Athawka pagoda*，而喬卡村當時叫 *Kyaukthan*，*762* 年，*Innwa* 王又加蓋一佛塔在上面叫喬卡瑞根佛塔（*Kyaukka Shwegu Pagoda*），後損毀，在 *Ashin Nyana Myinzu* 禪師（*the Sayadaw of Kyaukka*）主持下再重建，始稱瑞根尼佛塔，*1189* 年 *Bagyidaw Phannanshin* 王重新修建。

1-2 坡穩擋山洞穴石窟
3 坡穩擋山洞穴石窟內精美壁畫
4 火山岩峭壁雕鑿出的瑞霸擋山修道院
5 瑞根尼佛塔內幫佛身貼金箔的信眾
6 喬卡村漆器的製作

INFO

坡穩擋、瑞霸擋

位置：坡穩擋位於蒙育瓦西北邊 25 公里。瑞霸擋位於蒙育瓦西北邊 27 公里
開放時間：6am-8pm
門票：坡穩擋 5 美元，瑞霸擋 2 美元
交通：1）於蒙育瓦 Strand Rd. 搭小船前往，3 美元／次。2）包車逛蒙育瓦附近景點，約 60-100 美元。3）載客摩托車逛蒙育瓦附近景點，約 10 美元

喬卡村、瑞根尼佛塔

位置：喬卡村位於蒙育瓦東邊 19 公里。瑞根尼佛塔位於蒙育瓦東邊 32 公里
開放時間：6am-8pm
門票：喬卡村免費。瑞根尼佛塔 3 美元
交通：1）包車，約 60-100 美元。2）載客摩托車，約 10 美元

★ ★ 交通／住宿資訊 ★ ★

交通

可搭專門往來馬圭→蒲甘→博口固市→蒙育瓦→曼德勒之間的巴士 AGB Bus，但班次少時間常會更動，需向住宿旅館詢問。從蒲甘娘烏市場出發至蒙育瓦，4 美元／5.5 小時。由蒙育瓦至曼德勒，2 美元／0.5 小時。也有火車往來於蒙育瓦與曼德勒間，3 美元／6 小時。

住宿

🏠 **Monywa Chinwin**
靠近夜市，飲食、逛街都很方便，在地風評不錯。
・地址：Bogyoke St., Monywa
・價格：45 美元

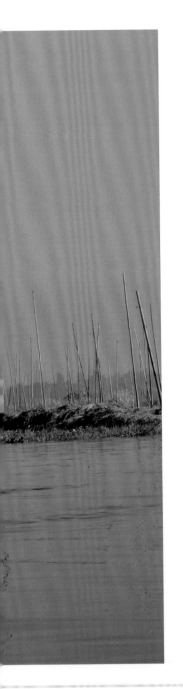

PART 4

緬甸東部
撣邦

青龍盤臥吉祥地
臘戌鎮 Lashio

❀ 溝特鐵橋垮下來、垮下來

　　自彬烏倫往東北方臘戌可經由公路或火車到達，為了體驗緬甸的鐵路系統，我們選擇先搭乘一小段火車，由彬烏倫到挪澎（*Nawngpeng*）站後，再由公路前往臘戌，這樣的好處是可經過聞名的溝特高架鐵橋（*Gokteik Bridge*；*Gokteik viaduct*）。

　　溝特高架鐵橋在彬烏倫東北方 55 公里處，1900 年，由 *American Pennsylvania Stell Co.* 所建，長 689 公尺，高 100 公尺，是緬甸最長，也是世界第七高的高架鐵路。

　　當我們一大早趕到火車站時，這兒擠滿的不是本地人就是歐美遊客，像我們這種東方遊客竟然少之又少，因為早先已訂好車票，承辦人員就在一本厚厚有點髒的本子上，一一記錄核對旅客的身分，一切都是人工作業，難怪領票時間得花 30 分鐘以上，火車

站十分簡陋，不時可見頭頂著物品的當地人、背著書包的學生和成群牛隻，或沿著鐵軌慢行，或穿過鐵道，這一切對他們而言是那麼平常，以至於當火車進站時也不鳴笛警示，而穿梭的人群也從容不迫，好像彼此都不存在似的。

上火車後，我瞥了一下其他車廂，走道上堆滿乘客的物品貨物，只能用擠與亂來形容，這時我真慶幸我們買的是整列火車唯一一節的特等車廂。

緬甸的火車給我的感覺就像是在洗衣機內搖晃，而這段火車之旅更是一種新的體驗，很難想像除了左右劇烈搖晃之外，整條列車竟然上下起伏，人在車廂內顛簸得相當厲害，有如騎在一匹野馬上，至今我還想不出為何看似平整的鐵軌，能顛簸到如此程度？當火車接近溝特高架鐵橋時，速度變慢了，通過高架橋時更特意放慢速度，但整座橋仍會發出咯吱咯吱聲，好像要崩塌似的，此接近 120 歲的高架橋雖曾於 1990 年整修過，但安全上著實令人擔心，因此行前我也就此請教過建築專家。

「安啦！鋼構的最安全，如有問題也是慢慢彎曲，不會突然間崩毀。」這是他給的答案，雖然有專家的保證，但聽到這種咯吱咯吱聲，還是令人毛骨悚然。

我發覺最好的景觀位置，是在往臘戌方向時的左側面（向北窗子），這角度無論往下探望深不見底的山谷，遠觀懸崖峭壁，或是往前後觀賞列車曲線的美都很不錯，列車還很貼心的在過橋不遠處停留約 5 分鐘，讓遊客以各種角度拍攝這座高架鐵橋。

但望著高架鐵橋的英姿，我突然想到「倫敦鐵橋垮下來，垮下來，垮下來」這首訴說著倫敦橋滄桑歷史，充滿悲劇色彩的童謠。超過役齡的高架鐵橋，緬政府是否懂得珍惜讓它成為歷史古蹟，或是真要讓它服役到坍塌為止？

2

INFO

溝特鐵橋
於彬烏倫搭乘開往臘戌火車，彬烏倫→溝特高架鐵橋→挪澎站，4 美元／2 小時

1 溝特高架鐵橋
2 彬烏倫火車站等候開往溝特高架鐵橋的列車

✡ 滇緬公路 Burma Road

撣邦首府臘戌為緬甸東部第一大城，是位於海拔 855 公尺的盆地，人口 15 萬人，其中三分之一是華人，是緬甸華人比例最高的城市。

這兒飯店的服務人員、街頭攤販，很輕易的就可以用華語溝通；站在臘戌街上，望著華人會館、廟宇及大門前的對聯，更能讓人體認到這兒與華人文化的不可切割性，當然造就這種現象是多重因素的。

中緬山水相連，自古即商貿頻繁，當改朝換代時局動盪時，即有百姓移民，1949 年國民黨往南撤退時，也有不少孤軍流落至此，自古馬幫也由雲南騰衝，藉由騾馬馱運穀米、麵粉、茶至密支那（Myitkyina），換取玉石、香料，或者再到印度、中亞，此為西南絲綢之路，因之緬甸有為數極多的華人聚居在密支那、臘戌、東枝（Taunggyi）及曼德勒等地。

緬甸的果敢華人是南明永曆帝部屬之後裔，當初先人躲避清兵追緝至此落腳，語言、貨幣都沿用中國，時至今日仍自稱：「祖上來自南京府。」此區原為未定界，1897 英與清廷談判才劃入緬甸，1962 年軍政府上臺終結果敢地區 200 年土司制，指派羅星漢為地方主席，改為特殊自治區。1968 年果敢大遷村，250 村、6 萬人大多遷往臘戌，使臘戌華人人口更為增加。

　　華人為何這麼喜歡臘戌？除了時空的關係外，地理因素應該也占一部分，當地人告訴我，臘戌所在溪谷如龍背脊般圍繞著小山丘，聽到這句話的隔日早晨，我於飯店頂層觀看日出時就深深體會到，環顧小鎮四周，周圍群山果真有如青龍盤臥，山脈斷了又起伏延續，看似延伸遠去，卻又蜿蜒而回，合乎地理學上斷而復續，去而復留的吉象，當初定居此地的先民應也有同感吧？

　　經過幾代的遷徙，我不知臘戌華人心中的故鄉為何？或存有幾許鄉愁？驀然間耳際彷彿傳來趕馬人的歌聲，不知他們怎麼唱的，但是席慕蓉〈鄉愁〉的詩意，卻自我心中油然而生：

　　故鄉的歌是一支清遠的笛，總在月亮的晚上響起……離別後，鄉愁是一棵沒有年輪的樹，永不老去。

　　臘戌另一令人緬懷的地方，就是它是滇緬公路的起點。滇緬公路貫穿中國與緬甸，緬北段當地人稱為曼德勒木姐公路。*1937* 年，中國爆發抗日戰爭，東南的海陸交通均被日軍切斷，因此需要一條通至後方的通道，以運輸國際援華物資，滇緬公路就在此時空背景下產生，它從昆明起點至邊境瑞麗（*Ruile*），中國境內長為 *850* 公里，跨過邊境至緬甸邊境木姐，再延伸至終點臘戌，此稱緬北段，長 *603* 公里，全長 *1,453* 公里，於 *1938* 年 *12* 月短短一年內，在國際咸認為不可能下奇蹟式完成通車，使得當時美國的援華物資運抵仰光後可經鐵路運到臘戌，再由此公路運至中國。

1　臘戌所在溪谷，被如龍背脊
　般小山丘圍繞
2　滇緬公路

據說緬甸公路每修一英哩就耗費 100 萬美元、吞噬一條生命。站在滇緬公路這一頭的臘戌，很難不讓人想起當初建構此公路的辛酸，在我心目中，滇緬公路是臘戌的第二條龍，一條華人打造的龍。

當時中國徵召 20 萬勞工，由於機械技術缺乏，只能依靠徒手作業，因青壯年大部分都入伍了，很多艱苦、危險的工作幾乎都是由婦女、兒童來完成。於是這公路見證了那段歷史，當年每天幾乎都有一千多輛車從這兒通過吧！即使是現在，站在滇緬公路上，望著那九彎十八拐的道路上，黃沙滾滾，大卡車仍不斷的穿梭奔馳著，令人感到運輸十分繁忙，但不同的是方向顛倒了。「這輛上頭載的是柚木、這輛是稻米、這輛是西瓜……。」導遊指著一輛輛往中國邊界開的卡車，說著。然後他望著一輛輛由中國開往緬甸的大卡車說道：「這是摩托車、這是汽車、這是農具、這是電子製品……唉！」其實不用他說，任何人看了都知道，卡車上一堆堆的鋼製龐然大物，不是農工業製品是啥？

「為何嘆氣？」我問。

「你知道他們把東西運到中國賣，可以有十倍、百倍的價值，我們有的是礦產、是資源，缺的只是技術。」

我望著他沒說什麼，這就是未開發國家的宿命，不是嗎？只是我不知他的嘆氣，是感於國家須仰賴他國，或是自己沒法賺到這錢。

1 滇緬公路載滿柚木的大卡車
2 學校非常注意防範毒品的入侵
3 青藍色的褲子是學生的制服

✢ 消失的繁體字

　　在臘戌時，我們在徵得校長同意後，刻意造訪一所小學。學校為ㄇ字形兩層樓簡單建築，收一至九年級的學生，剛好遇到學生陸陸續續到校，緬甸的學生制服是青藍色褲子或籠基，他們見到陌生人也非常活潑大方的跟我們打招呼，看到相機也不迴避，甚至擺姿勢讓我拍照。

　　這學校收臘戌附近的學生，有傣族、緬族，當然還有華人。看著教室斑駁的牆壁，室內一排排長排的桌椅，學生拿著以芒草製的掃把認真掃地，黑板上殘留著以緬文寫的加減法演算，令人感覺時光似乎倒退了好幾十年。校長很重視學生教育，學校左右兩邊貼有斗大的標語「*DRUG FREE SCHOOL*」；一位華人教師告訴我：「這兒靠近金三角，有些學生還有親人住那，我們非常注意毒品服用問題。」

　　我接著問：「有教華文嗎？」華人教師回答：「沒有，華人不在緬甸承認的 *135* 種族中，無法享有母語權利。」接著又說「華人要學華文，只好利用上課前，或下課後到它處學，很辛苦的。」這與我收集到的資訊一樣，*1962* 年後軍政府上臺，把企業、學校收歸國營，媒體、文化事業受到控管，華文教育轉到地下，會館廟宇住家都有華文補習班的存在。

　　「以前大多是教繁體的，但現在資源缺乏，中國又一直提供簡體書本，慢慢的大家也改教簡體了。」這一席話讓我聽了心驚，他們本質上是想傳授或讀繁體字的，其實不論是我們政府或民間，都可以透過特殊管道如僑社等，提供繁體書本、雜誌等，不禁讓人納悶，我們是不是努力得不夠？讓這成為繁體字在我們眼前消失的另一實例。

❀ 臘戌鎮旅遊資訊

撒莎娜佛塔　Thatana（Sasana）2500-year Paya ／ Pyi Lon Chantha

　　位於臘戌北方 *Mya Kantha Hill* 山上，佛塔鍍有金箔，傳說是撣族末代君主 *Sky King Sao Hon Phan* 所建，為四方形，基底上層為八角形佛塔。

曼蘇佛塔　Mansu Paya

　　至今已有 *250* 年之久，撣族一位將軍因路過此地受到景色所感動而蓋此佛塔，一邊是撣族圓形寺院，一邊是緬族八角形寺院。

INFO

撒莎娜佛塔
位置：靠近巴士總站
（Main Bus Station）
門票：免費

曼蘇佛塔
位置：靠近巴士總站，在 Pyikaungsu Rd.（Mandalay-Muse Highway，曼德勒木姐公路）邊
開放時間：24 小時
門票：免費

1　遲到了
2　簡陋的教室
3　打掃教室
4　環保垃圾袋
5　臘戌 1 至 9 年級學校
6　撒莎娜佛塔
7　曼蘇佛塔造型顏像卡通

緬甸的暮光
錫博鎮 *Hispaw*

　　錫博比臘戌小，位於曼德勒東北方 *200* 公里，周圍非常美麗。有許多撣邦高山部落村莊、茶園、甘蔗園和佛寺。原本由諸多撣族小邦組成，在英國殖民時期被整合為一錫博邦，緬甸聯邦成立後，又將這些眾多撣族小邦組成一自治區，但這自治的狀況於 *1962* 年被奈溫將軍獨裁軍政府所抑制。

撣邦的美女在錫博

　　到錫博的第一天，我們就前往撣邦王宮（*Shan Place*），我之所以對撣邦王宮有所聞，是因為早先在蒲甘一座佛塔前，有位小女生向我展售一本書，《緬甸的暮光：我身為撣邦公主的日子》（*Twilight over Burma: My Life as a Shan Princess*）。本書是一位撣邦公主英格（*Inge Sergent*）記述她記憶中，關於緬甸錫博的日子，這段歷史就讓我們由探訪撣邦王宮開始說起吧！

1　撣邦王宮為英式洋樓結構
2　撣邦王宮依舊維持原來布
　　置，右側者為 Fern
3　中間立者為 Fern

我們到達撣邦王宮時約上午十點，當時鐵製欄杆門仍輕闔著，由外頭觀門內，高大綠樹成蔭。在叩門及呼喊中，先來迎接我們的是兩隻搖著尾巴、和善的黑狗，接著一名穿身淡綠色籠基，外披淺褐色洋裝、氣質高雅的女士現身，親切的引領我們穿過庭園。進入兩層樓的白色英式別墅內，屋內布置典雅大方，並掛滿許多與皇族有關的生活照相片。這位女士自稱 *Fern*，在品嘗她親泡的英式茶點中，*Fern* 很和善的詢問我們，願不願意聽她說說有關撣邦王宮的點滴，以下就是她的描述。

這棟英式洋樓建於 *1924* 年，由撣邦末代王子（撣邦稱其領導者為王子，太太則為公主）邵甲聖（*Sao Kya Seng*）之父所建，曾是撣邦王宮，且是邵甲聖和他的奧地利妻子英格的皇家住所，邵甲聖在 *1947* 年繼位，是撣族第 *105* 位王子。*1950* 年，當他在美國科羅拉多礦業學院攻讀礦業工程時與英格初識，進而相戀，當時英格還不知他的身分，兩人在 *1953* 年結婚，婚後英格於 *1957* 年成為公主，稱 *Sao Nang Thusandi*。在邵甲聖王子領導下，撣邦團結一致，王子與公主深受族人擁戴，整件事看似圓滿。

不料，緬甸軍政府以撣邦圖謀不軌為由，派軍隊占領此區之後一切就變調了，王子遭到逮捕且失蹤，據說可能是在奈溫將軍指使下，*1962* 年死

1 撣邦末代王子與
公主（徵得主人
同意後翻拍自室
內懸掛相片）
2 另類 TAXI

於東枝市北方的霸圖苗營區（*Ba Htoo Myo Camp*）。目前撣邦王宮由邵甲聖之姪邵烏甲（*Sao Oo Kya*，*Donald*，第 *106* 任）及妻子也就是 *Fern*（*Sao Sarm Hpong*）一起照料。*Fern* 同時也是蒙育瓦末代王子的女兒，聽她娓娓道來，我才知道她的身分。

　　Fern 說：「我先生 *Donald* 當時也莫名其妙陸陸續續總共被關了 *13* 年，最後一次被關 *4* 年，理由是無導遊執照，卻對外來訪客介紹撣邦王宮以及誹謗國家。*2009* 年被釋放，緩刑 *9* 年，故現在都由我出面介紹。」

　　「會不會你也被抓去關？」我問。*Fern* 聳聳肩對我說：「現在民主改革了，誰知道？但這是我的責任，我必須讓大家明白。」語氣平和，看似逆來順受卻又堅定不移。言談中，我知道邵甲聖之妻，*Thusandi* 公主英格於 *1964* 年離開緬甸，*1966* 年定居美國，現 *82* 歲，育有兩名女兒。「我也不知她的美國住家，只有她主動聯絡交代事情，她心碎了！」*Fern* 如此告訴我。政治是黑暗的，軍事是血腥的，經歷了如此變故，有幾個人能心不死呢？

　　這時外面又來了幾位歐美訪客，我們不得不告辭。

　　撣邦有句話：「撣邦美女來自錫博。」這句話的真實度如何不得而知，但由洋樓室內所掛的相片，我可以肯定錫博有位極為美麗的公主，離開時再次經過那枝葉扶疏，鬱鬱蒼蒼的庭園，反而覺得在樹影下，那白色洋樓顯得幾許的滄桑，正如那美麗公主一般。

2

❀ 柚木林中的撣族部落

在錫博我們住在河邊度假小屋，早上喚醒我的不是來往的車聲或雞犬叫聲，而是遠處低沉小馬達聲及孩童嬉笑聲，當我推開房門時，驚見戶外一片濃霧，而晨曦正試圖奮力的要穿透它，然而霧實在太濃了，以至於所見一切顯得那麼的飄浮不定，飯店的餐廳就在河畔，我的早餐就在一片朦朧中享用，餐廳也貼心的在餐桌邊擺一盆火爐暖腳，在這熱帶國家需用到火爐暖腳，倒是一有趣的經歷。

隔了好一陣子，霧才慢慢散開，然而這兒的清晨卻早就迫不及待的在此之前展開了，毫無疑問的，那低沉小馬達聲就是來自少數穿梭河面的船隻，這種船身極為狹長的小馬達船，船頭書寫著「*TAXI*」，只有載客的船家才有。

此地居民生活的一切都是圍繞這河打轉，沿河可見洗澡、洗衣、種植、嬉戲的人們，每一角落都是他們生活的舞臺，都有一篇篇屬於他們的故事，河面上偶而可見村民土製的竹筏，這兒一般民眾都是以幾根竹子綁成一串，再把幾個竹串綑綁在一起，以此製成簡單的竹筏，或搖槳或順著水流在河上運送物資。

此河叫杜哈瓦底河（*Dhu Hta Waddy*）我們就是搭這種 *TAXI* 船去造訪空達村（*Kon Thar*）、梭隆村（*So Lon*）等撣族部落。在造訪撣族部落時，穿過許多麥田、玉米田、

鳳梨園、芭蕉園,景色純樸優美,最棒的是有時需穿過密密麻麻的柚木林,在這柚木參天,綠蔭環繞的林內緩步而行,對少見柚木的我們而言是一種很棒的享受,緬甸現在每棵較粗大柚木的樹身上都刻有編號,以禁止濫砍。

　　撣族部落中有些頗具規模,設有小型小學,而有些與緬甸其他地區一樣,僅靠寺院教育,對貧困的人而言,寺院教育就是小孩接受教育唯一的辦法,聯合國兒童基金會報告緬甸有 38% 的 5 至 9 歲孩童失學,75% 學生未完成中學,然而依我所知,緬甸文盲卻非常少,這得歸功於寺院僧侶提供失學孩童最基本的人格與知識教育。儘管如此,電力供應仍是困擾這些地區的一大問題,緬甸靠水力發電,用量不穩,全國 70% 的地區電力供應不足或完全沒電,於是這些學童晚上就得靠燭光才能學習。

緬甸 = 免電？

正因為電力的供應不完善，因而造就臘戌及錫博燭光市場的產生，為了一探此獨特現象，我們凌晨四點鐘就在寒風中摸黑踏著露珠前往，像這種小鎮幾乎沒路燈，摸黑是必然的，當抵達時我就被那一片燈海吸引住了。

一整條凹凸不平的泥土路，兩旁攤販擺滿待售的物品，蔬果生鮮魚貨，應有盡有，每一攤位前都擺了或多或少的蠟燭，擺設方式各異，有的擺在竹籃上，有的擺在臉盆上，而有些則讓蠟燭立在橫擺的木條片上。有些買家自備小手電筒認真的挑貨，在一片漆黑中燭火隨風搖曳著，這當中又穿插少許手電筒亮光，讓人有一種迷幻感，彷彿置身於古代與現代的時空交錯中。

5

1-3 天真的撣族小孩
4 童心未泯的小沙彌
5 錫博燭光市場

「為什麼要這麼早點燭火賣，六、七點再開賣不就得了？」我問。

「因為這裡人口不集中，村落散布各處，來買或賣的人離這兒都有 1 至 2 小時路程，他們六點鐘趕回去得準備吃的，且一早得布施和尚，接著要上山下田工作……。」導遊如此告訴我。

　　在緬甸旅遊期間，有時可見到信眾在寺廟中點的一片燭海，那是他們對佛表示的虔誠，而現在這種燭光市場應該是一種對生活展現的韌性吧！在臘戌的燭光市場據說已快被中國傾銷的 LED 燈取代了，隨著時代進步，這兒的燭光市場還能存在多久？望著滿車掛滿採買物品的摩托車，在人群中穿梭著慢慢遠離我的眼簾，我想也許幾年後獨特的燭光市場也將如此消失，這就是進步的代價嗎？

INFO

燭光市場
位置：位於 Shwe Nyaung Pin St. & Aung Tha Pyay Rd. 交會口
營業時間：4:30~7am

❀ 錫博鎮旅遊資訊

小蒲甘　Little Bagan

　　建於十六世紀，有 6 個佛塔群聚一起，雖破舊損毀但古樸而具原味，旁邊的民宅開門即見到佛塔，充分展現生活與宗教融為一體的一面。佛塔旁有間建於 150 年前的竹佛修道院（*Bamboo Buddha Monastery*），佛像是用竹製漆器，但外面被塗上金漆，現做為附近年輕僧侶誦經和學習修道的地方。

小蒲甘
位置：位於錫博北邊
開放時間：6am-5pm
門票：免費

1　買家也會自備手電筒挑貨
2　小蒲甘

隆庸修道院 Lonyon Monastery

　　由錫博沿杜哈瓦底河上行約 1 小時，於杜哈瓦底河源頭，喃圖（Namtu）與喃瑪（Nam-ma）兩河交會處，上岸後再緩步健行約 45 分鐘可到空達村，中途會經過傳統撣族住家，最棒的是穿過密密麻麻的柚木林，讓人身心愉悅。修道院位於空達村內，約建於 150 年前，內部空間寬敞，專門負責此地孩童的教育。

梭隆村 So Lon

　　位於杜哈瓦底河旁，是典型的撣族傳統民居，於此可見到手工藝作品和村內祭拜納特神的建築，依他們傳統，只有村子的領導者才可爬上高腳屋頂層祭拜，上頭掛有許多村民祭拜的扇子，據說如此可以攝走不吉利。

瑪哈耶特牟尼 Mahamyatmuni Paya

　　為錫博最大佛像，建於 100 年前，由末代撣王的祖父所建，此佛像為黃銅製，外型模仿曼德勒瑪哈牟尼（Mahamuni）佛像。

將軍佛塔 Bawgyo Pagoda

　　為典型撣族佛塔型，有 800 年以上歷史。傳說中，緬王阿努律陀娶一撣族女子為妻，當作緬和談的一部分，但該女子卻遭緬王其他妻妾陷害，於是國王將其遣返撣族，那時該女子的哥哥已成撣族國王，他親自前往迎接，但該女子還未見到哥哥時即病死於途中，撣族國王也因此傷心而死，於是民間於此築佛塔紀念，意為「哥哥接我回家」。

INFO

隆庸修道院、撣邦梭隆村
位置：位於杜哈瓦底河邊，需有撣族導遊帶領並徵得同意

瑪哈耶特牟尼
位置：在錫博南邊，Namtu Rd.
開放時間：5am~7pm
門票：免費

將軍佛塔
位置：位於錫博西邊8公里
開放時間：5am~7pm
門票：免費

★ 交通／住宿資訊 ★

對外交通
錫博→曼德勒，巴士搭車處位於 Thazin St. 與 Lanmataw St. 交會口處，5:30am 搭車，6 小時／5 美元。或於該處搭野雞叫客車，一人約 15 美元。

市區交通
交通較為不便利，可於飯店租或詢問摩托車、腳踏車出租地點，也可於市場邊僱人力三輪車，建議議價包車。

住宿

River Side Hotel
由印度人經營的新蓋飯店，峇里島風，河岸很美，離錫博火車站 1.7 公里，在窮鄉僻壤能有此規模，令人印象深刻。
- 地址：Bank of Dokhtawaddy River, Myo Haung Village, Pan Sord Main Village Group, Hsipaw
- 價格：50 美元

Mr. Charles Guest House
供應最基本需求，要求不能太高。
- 地址：141, Awbar St., Myo Lae Qr., Thipaw
- 電話：08-280105，80407
- 價格：10 美元

5

---

1 隆庸修道院
2 隆庸修道院內的教室
3 撣族傳統民居
4 瑪哈耶特牟尼佛像
5 將軍佛塔原始被地震震落的塔頂，撣族塔頂較緬族尖細如火箭狀

蜘蛛精傳說
賓達雅鎮 *Pindaya*

　　由錫博回曼德勒後，接下來的行程是往曼德勒東南方愜意的小鎮賓達雅，為了縮短行程，我們決定由曼德勒搭國內班機往黑荷（*Heho*）機場，再由黑荷搭車約 2 小時的車程到達賓達雅，如此可減少一天車程，又可觀賞賓達雅田園風光。

❀ 方便又隨便的緬甸國內航線

　　緬甸的國內航線方便而又隨便，等同公共汽車，這是我們第二趟搭緬甸國內線，所以駕輕就熟了，回想我們第一趟國內線，是由仰光飛往蒲甘，當時飛機降落後，聽見機後一陣騷動，空姐嘰哩咕嚕的不知在詢問什麼，等到她經過我們位置時，用夾雜著濃厚緬音的英語，緊張的問坐第一排的我們。

「你們坐到哪？」
「蒲甘。」我應道。
「這兒就是蒲甘！」她更急了。
「我知道啊，怎麼了？」我慢條斯理答著。
「快下機，飛機要起飛（去別的地方）了！」

　　「什麼？」這下該我急了，拎著背包急忙下機，幾分鐘之後，那小飛機果真來個一百八十度大迴轉，然後咻的一聲，直上雲霄，留下一臉錯愕的我們。這就是緬甸國內班機，當我們還在傻等可以解開安全帶，以及打開座位上方置物箱的通知時，緬甸國內航線可不來這一套，說飛就飛。

1 機場推送行李人員許多是未成年少年，而推車的輪子往往是凹凸不圓滑

2 候機門就用油漆簡單寫下 G1、 G2、G3，一切從簡，電視並不提供航班資訊

　　所以這次在曼德勒搭國內線飛往黑荷，對於所有登錄都由地勤人員用手記錄在紙本上，行李用手估重量，可以帶瓶裝水上機，甚至飛機比公告時間提前 15 分鐘起飛等事，我已經是見怪不怪了。

五彩大地下的哀愁

　　當飛機於黑荷上空時，往下一望，可見一塊塊規劃良好的農耕地，有的呈鶴紅色，也有綠色及黃色，就像五顏六色的藝術拼布，充滿美麗與生機，與蒲甘那種乾乾癟癟的情況完全不同。

　　這第一印象，在搭車前往賓達雅的途中即獲得證實，這兒的美就像置身於歐洲的田園中，富含色彩變化的各式作物散布於平原或小丘陵上，不時可見成群的牛隻於田野中悠閒的啃著草，而背後則對應著一座座金頂佛塔，讓人感到一種慵懶中的安詳，在田埂上可發現一整隊的撣族婦女，她們身著滾著藍色花邊的墨黑色衣裙，腰圍彩帶，頭上纏著橘色頭巾，背上揹著竹籃，笑嘻嘻的，不知是要去工作或膜拜，但無疑是少數民族在色彩裝飾上的天賦，給這片大地平添無比生氣。

　　然而在前往賓達雅途中，我們碰到幾處修路的地方，就如同緬甸其他地方一樣，工人都是用最基本的工具在築路，他們或以頭頂裝著砂石的畚箕，來來回回賣力鋪在坑坑洞洞的路面，或兩肩擔著熱騰騰的瀝青，準備下一道的噴灑，有些人則在旁以鐵鍬挖著溝渠，這些人當中有一半以上是婦女，其中一位婦人身後甚至還揹一個小孩呢！緬甸婦女雖有財產繼承權，但整個社會仍是男性主導，婦女雖也有工作權，但大都是勞力工作，就像築路、下田種植，這些辛苦工婦女從不缺席，然而她們在職場上獲得的待遇卻非常不對等，這種現象在軍政府上臺後特別顯著，這也難怪在 2015 年由翁山蘇姬領導的全國民主聯盟（NLD）贏得大選後，全國婦女對未來充滿了期待。

1-2　大清晨準備禮佛後下田工作的撣族婦女
3　烈日下以土法築路的緬甸婦女

✿ 照徹三千世界的萬盞明燈

　　撣邦賓達雅鎮中有一大湖，湖邊散住著一些人家，小孩就在湖畔追逐著，這兒居民非常和善，都會主動過來與我們搭訕，一條貫穿整個小鎮的公路，兩旁榕樹合攏成蔭，構成一深邃的綠色隧道，的確是個詩情畫意的小鎮，且到處林立緬文及英文的標語，「*Warmly Welcome & Take Care of Tourists*」似乎說明他們對外來客的熱情。

　　小鎮近郊石灰岩山脊中，有個名叫千佛洞的鐘乳石洞，是緬人佛教朝聖地。*Pindaya* 緬文之意為「我殺了蜘蛛」，傳說中此洞原是蜘蛛精盤據之處，那時有 7 位公主於附近湖中洗好澡後在此洞穴午睡，被巨大蜘蛛抓住，後來有一王子以弓箭救了她們，在洞穴入口就有雕刻記載此傳說，並有王子及大蜘蛛的雕像，幾百年前曾有僧人在洞內打坐修道，並供奉許多佛像，後來民眾也爭相把佛像供奉於此，在這石灰岩山脊中由北至南有三個石穴，最南的石穴最大叫 *Shwe U Min*，長 *150* 公尺，目前洞內約有 *8,094* 個佛像，且有木刻、石刻、大理石刻、銅製等，大小不一，型態各異，有些佛像身上貼滿金箔，且持續增加中，其中有些碑文記載是 *1783* 年篆刻。

　　洞內最有名的是十一世紀阿努律陀所建的一座原始佛塔，但我感興趣的反倒是整個偌大鐘乳石洞內，通道錯綜複雜，宛若迷宮，其間滿布佛像，這些淺眉垂目鍍著金身的佛像，在洞內黯淡燈火中，營造出一股儡人的氣勢，彷彿在此可除去一切心魔。

　　導遊指著兩尊佛像說：「傳說這黑色佛像會流汗。」我趨身望著這外表有些脫漆的黑色佛像，發現佛身上果真有些汗珠。「據研究此乃因佛像的材質是木頭，外頭塗上樹漆，因木頭吸水有時滲出來之故，但信眾仍堅信是一種神蹟。」導遊接著說，此與我推想的一樣，但望著佛像前虔誠五體投地的膜拜者，我突然想到，就像其他崩垮的佛塔，佛像不在了，但信眾在佛座上擺了一塊石頭，也就這樣膜拜起來，是否真流汗也許這對他們而言並不重要，重要的是他們認為只要虔誠，佛祖就感應得到。

　　洞內另有一尊幸運佛，全身批滿珠寶與金箔，膜拜會帶來財運。傳說，遠古有一位非常自負的國王，全身穿戴無數珠寶，並要與佛比財富，後來當然比輸了，並悟出錢財並非用來炫耀的，因而開始懂得布施錢財。洞末端有 36 尊華人供奉的大理石佛像，形態手勢各異，但年代已不可考。另傳說中此鐘乳石洞的石筍敲起來會發出鐘聲，但當我作勢要敲石筍時，導遊急忙制止說現在已禁止敲擊了，抬頭望著那一根根被外力敲斷石筍的殘骸，我想這就是那傳說的代價了。

1　賓達雅千佛鐘乳石洞
2　向遊客溫馨喊話的看板到處可見
3　鐘乳石洞中的佛塔
4　會流汗的佛像

　　受到軍政府執政的影響，緬甸人崇尚軍國主義，蒲甘王朝、東吁王朝及貢榜王朝的代表人物阿努律陀、莽應龍、阿朗帕耶（*Alaungpaya*，中文史書稱「雍笈牙」），則是當代緬甸軍人統治者崇拜的三大英雄偶像。翁山蘇姬回國後，曾一度要求全世界不要到緬甸旅遊，共同抵制軍方獨裁，後來發覺這樣的後果只有讓人民生活更苦，隨後改口呼籲旅客不要到軍方經營的飯店消費；而去民營機構消費，算是一種間接支持民主，促進民間經濟，我也贊同這樣的想法。

　　我們在此下榻的飯店叫 *Conqueror Resort Hotel*，征服者度假飯店，望文生義，我原本以為這飯店帶有軍方色彩，但與業者溝通後，了解這只是一家印度人經營的飯店，客房形式是一棟棟小木屋，整體環境相當典雅，房間也寬敞而舒適，入住的旅客大都是歐洲人士，這麼偏遠的小鎮能有此規模也實在不容易了，晚上甚至由此還可以望到後頭山脊上兀自點著燈火的千佛洞，在暗夜中山上的燈火顯得特別明亮，靜謐安詳的氛圍中，一盞盞燈照亮了黑暗世界與自己心中的無明。

INFO

千佛洞
開放時間：6am~7pm
門票：免費

✿ 緬甸的豎琴

　　晚上我們就在飯店享用燭光晚餐，緬甸的飲食衛生一直是我最擔心的，是夜能在這麼棒的環境下享受，令人感覺倍加的惜福，更棒的是飯店竟然還聘來琴師為我們現場演奏豎琴。豎琴據說源起於古印度或古埃及，然而這些地方的豎琴已淡出舞臺，反而在緬甸得以保存，望著那弓形的豎琴，與木頭雕成船型共鳴體，高高聳起的彎曲琴頸綁著紅色飾帶和穗子，相映著身著撣族服裝的琴師，一切顯得那麼雍容華貴，豎琴音色清新雅緻，娓娓動聽，我不禁想起白居易〈驃國樂〉：

> 驃國樂，驃國樂，出自大海西南角。
> 雍羌之子舒難陀，來獻南音奉正朔。
> 德宗立仗禦紫庭，黈纊不塞為爾聽。
> 玉螺一吹椎髻聳，銅鼓一擊文身踴。
> 珠纓炫轉星宿搖，花鬘鬥藪龍蛇動。

1 華人供奉的大理石佛像
2 緬甸的豎琴

西元九世紀，緬甸驃國國王派太子舒難陀，帶領藝術家及多種樂器至長安，獻上了驃國的音樂和舞蹈。當時驃國屬永昌節度使所轄地的鄰國，也就是今天緬甸北部撣邦。因當此驃國文化得以輸入長安，觸發詩人靈感，其中最有名的即是這首〈驃國樂〉，想到身處撣邦的自己，現在所聽到的豎琴竟與一千多年前的白居易相同，不禁讓人醺醺然。

這時我望著鄰桌幾個歐洲客，他們也陶醉得以手及腳跟著旋律打拍子，這就是音樂的魔力，不需語言就能把不同人種揪在一起，一齣影片《緬甸的豎琴》不也如此？此片描述二戰期間日軍於小屋內被英軍包圍，本想突圍，卻意外在豎琴聲中雙方唱起〈Home, Sweet Home〉而大和解，最後日軍才明白日本已於幾日前投降，因音樂使雙方免除了一場無謂損傷，戰爭把人分開，音樂讓各方走在一起，而「家」是眾人最終期待的歸宿。

★★★ 交通／住宿資訊 ★★★

交通
交通較為不便。

✈ 飛機
曼德勒荷黑機場→賓達雅，1 小時／42 美元。各航空公司約一天一航班，曼德勒航空於每日 8:45am 有一航班。

🚌 巴士
· 昂班→賓達雅，班次非常少，40 分鐘／1 美元。

🛏 計程車
· 荷黑機場→昂班（Aungban），30 分鐘／25 美元。
· 昂班→賓達雅，40 分鐘／35 美元。

🏍 載客摩托車
· 昂班→賓達雅，40 分鐘／6 美元。

住宿

🏠 Conqueror Hotel
設施完備，在賓達雅千佛鐘乳石洞山腳下，晚上令人有非常安詳的感覺。
· 地址：Singong Qurarter, Pindaya, Southern Shan State
· 價格：80 美元

🏠 Pindaya Inle Inn
獨立小屋，離市區 2 公里，往其他景點方便。
· 地址：Maha Bandoola Rd., Southern Shan State, Pindaya
· 價格：70 美元

金色榕樹

娘水鎮 *Nyaungshwe*

❀ 先繳 10 美元再說

　　由賓達雅往茵萊湖途中需經過格囉（*Kalaw*）、昂班與娘水三個小村鎮，到達娘水時就算進入茵萊湖湖區了，路邊有一告示牌上寫著：每一外國人需繳交 10 美元費用。

　　娘水撣語本來叫 *Yaunghwe*，緬甸獨立後 *1948* 年改名 *Nyaungshwe*，為金色榕樹（*Golden Banyan*）之意，顧名思義進入小鎮前的道路有許多成列的美麗榕樹。娘水位於茵萊湖北方幾公里處，鄰近黑荷機場有一主街道，外加似棋盤狀、乾淨整齊的小街道，是茵萊湖邊最繁忙的小鎮，可供遊客住宿和飲食。它有一個熱鬧的小市場 *MINGALA*，茵萊湖區五日市集有時會輪至此處，那時市場規模會突然變大。遊客可以娘水為基礎點，到前英國殖民時期避暑山城格囉，但大多數往往由此經陸路或搭船去茵萊湖。

娘水鎮相對位置

✿ 野蠻的驗貨方式

當我在碼頭時，正巧碰上一艘船在碼頭卸貨，只見全身曬得發黑的工人把一袋袋貨物賣力的扛上卡車，而一男子則手持剡刀，每隔四五個扛工經過，他就會在他們肩上的袋子戳上一刀。

「這幹什麼呀？」對這舉動我有點訝異。「檢視袋子裡貨物的品質。」導遊告訴我。這時我望向被戳上一個洞的袋子，裡頭果然掉落出幾顆黃澄澄的玉米粒，真是一種簡單而野蠻的檢視方式。我慶幸的想著，在緬甸東北方真冒險躲在牛車裡去看罌粟田的話，我的屁股該會如此這般吧！

✿ 格囉小鎮　Kalaw

為英國殖民時期的避暑山城，人口約 *1* 萬，海拔 *1,320* 公尺，居民為撣族、緬族、布郎族（*Palaung*），並有許多印度、尼泊爾、葡萄牙、錫克教人，大多為殖民期在此築鐵路的工人後裔，因此有許多殖民時期的建築，為一充滿綠意、平靜的小鎮，在這兒可無所事事沉浸在林木解熱氛圍，也可在清晨迷濛中漫步於殖民時期建築和佛塔之中。

　　有些遊客以此鎮為據點，徒步旅行穿過如詩如畫的美景到茵萊湖，也可安排健行探索周圍的山區和傳統部落，徒步健行單趟約 2 小時，會經過橘子園、茶園，在高處有不錯的景觀。

　　Pane Hen Pin 是布郎族的部落，特色是住在竹製長屋，靠種植及土法打獵維生，一棟長屋可住 4 至 5 代，但每一代各自有竈，各自煮食，同居而不同食，一些手工藝或織布也多在長屋內進行。這幾年來由於生活改善，大多長屋已翻修成磚石屋，只剩 2 家是傳統竹屋，但長屋主人表示，只要負擔得起，他們也會翻新，屆時長屋部落將成為歷史了。

✿ 昂班小鎮　Aungban

　　這兒呈現牛車、馬車、汽車、摩托車共用街道景象，讓人有種時空錯亂的感覺。

1　碼頭卸貨時，以剉刀檢視袋子裡貨物的品質
2　娘水鎮的歐式建築
3　一棟長屋可住 4、5 代，但每一代各自有竈，各自煮食
4　改住磚造屋的長屋族婦女
5　長屋族婦女
6　牛車、馬車、汽車、摩托車共用街道

交通

✈ 飛機

- 仰光→黑荷機場，1.5 小時／ 91 美元。
- 曼德勒→黑荷機場，1 小時／ 42 美元。於機場再轉搭計程車至格囉、昂班、娘水。

🚌 巴士

- 仰光→格囉→昂班→水娘（Shwe Nyaung）→東枝。
- 曼德勒→格囉→昂班→水娘→東枝。（註：如欲前往娘水或茵萊湖需於水娘下車）

🚗 計程車

出發	目的地	金額（美元）
黑荷機場	昂班	20
	格囉	30
	娘水	25
昂班		40
格囉	娘水	50
水娘		8

※ 水娘為距娘水和茵萊湖最近的小鎮，因此也可搭野雞叫客車，一人約 2 美元。

住宿

🏨 Hotel Amazing Nyaung Shwe

靠近 MINGALA 市場，飯店設施完善，但似乎貴了些。

- 地址：Yone Gyi St., Inle, Nyaungshwe
- 價格：110 美元

🏨 MINGALA 市場對面的佛寺

睡大通鋪，有熱水洗澡，但有蚊子。

- 價格：5 美元

茵萊湖美得就像詩畫

遺落世間的翡翠
茵萊湖區 *Inle Lake*

　　位於緬甸北部，為海拔 *900* 公尺的高原上湖泊，有 *18* 條河水匯入。人口大約有 *7* 萬人，大都是少數民族，以「湖中之人」茵達族（*Inn Tha*）占最多，其他包括 *Shan*、*Danaw*、*Bamar*、*Danu*，散居在茵萊湖沿岸及湖中的小島。

　　茵萊湖是緬甸第二大湖、寬 *10* 公里，長約 *22.4* 公里，呈狹長形，而娘水鎮及位於湖的最北方幾公里處，有一狹小河道與湖相通，因考慮到路況且由水道前往可觀賞兩岸景致，我們遂決定搭船進入湖區。

✣ 單腳划船絕技

　　在碼頭等我們登船的是寬僅容一人的狹長馬達動力船，也就是湖區一般的載貨船，船擺上幾張椅子權充座位，與我想像的有些落差，我原先希望的是一葉扁舟，能有如詩詞般「乘彩舫，過蓮塘。棹歌驚起睡鴛鴦。遊女帶花偎伴笑。爭窈窕，競折團荷遮晚照。」的意境。

　　導遊解釋著：「依規定小舟只能於湖邊，且馬達船都要 1 小時，小舟太遠了。」於是我們就在馬達的嘶吼聲中前進，幸好一下子我就不覺馬達聲突兀了，水道的水呈暗綠色，很乾淨，並不會有礙眼的垃圾，兩岸有些木頭建的高腳屋與長長的蘆葦參差錯落的散布著，河道上不時可見如同我們一般船型的貨船，載著一袋袋的貨物經過，偶然間一艘載著歐美遊客長船遠遠迎面而來，上頭的遊客不停揮舞雙手與我們打招呼，熱情得令人訝異，更奇特的是一群鷗鳥緊緊在他們船的上空飛翔，就如同他們在放風箏，或手中握著鳥樣氣球迎風空飄一般，等兩船相錯身時，我才發覺他們哪是在跟我們招呼呀，兩隻揮舞的手原來是向空中丟撒食物啊！

導遊說：「湖區附近有70多座寺，180個村落。他們以木頭搭建高腳屋，有些村落位於湖邊，有些半陸半湖，有些村落完全築於湖水中，居民以小舟為交通工具。」我好奇的問：「湖水有多深？」導遊告訴我：「深度在乾季2公尺多，雨季5公尺。」接著指著前方說：「現在進入湖區了。」

我環顧著這三面環山的湖泊，除了船身後水面劃出的那一道長長、晶瑩發亮的水線外，眼前碧波萬頃，清風徐來，水波不興，漁舟輕蕩於煙波浩淼中，景象恬淡和諧，面對這如詩如畫的景象，我不禁嘆道：「好美，有如遺落世間的翡翠！」這當兒，前方湖面千百隻鷗鳥竟因我們的闖入驚覺起來，啪、啪、啪得由水面飛起，劃過我們眼前，漫天飛舞著，就如同自一幅畫中蹦出一般。我笑著說：「這下子不是棹歌驚起睡鴛鴦，倒像是馬達驚起睡鴛鴦了！」

1 築於湖水中的村落
2 茵萊湖在不同時段有不同的美
3 被驚起的千百隻鷗鳥啪、啪、啪得由水面飛起

單腳划船絕技

　　船靠近漁舟時，船老大會刻意關掉馬達，如此才不會干擾到漁夫捕魚，一方面也利於我們靜靜觀賞，這些散居湖邊之少數民族，幾世紀以來以水耕與捕魚為生，其傳統捕魚方式獨具特色，他們站立著以單腳推槳划行，不但省力且便於觀察湖中水草及魚群，更可騰出雙手利於撒網操作，動作優美有如曼妙舞者，據說學齡孩童就有這樣的本領。

1

🏵 熱鬧非凡的五日市集

　　我們住的飯店叫 *Paradise Inle Resort*，整棟建築坐落於湖中，入口處是如同山寨般的水上大門，整個飯店對外的唯一交通就是船隻，是一種相當別緻的體驗，不但可於湖中欣賞日出日落，晚上還能在一片萬籟俱寂中入眠，靜得真的連一聲蟲叫聲都沒有，對抒緩連日來的疲憊相當有助益。

1-2 湖上飯店
3　趕著參加五日市集的船隻
4　卸貨到市集內

2

在我們停留茵萊湖的 3 天中，都沒碰到在雅瑪村（*Ywama*）水上市場（*Floating Market*）的五日市集，取代的是輪到龐鐸烏村（*Phaung Dawoo*）的五日市集，龐鐸烏村位於茵萊湖最南邊，從我們飯店到那兒約需 1 小時的船程呢！為了觀賞五日市集的完整情況，我們商請船老大隔日清晨四點半載我們前往。

「不行！」他斷然拒絕 原來他的船沒有強光照明設備。「會相撞，會纏到水草，危險啊！」船老大解釋著。

「不過就是個三、五公尺水深的湖吧！有何好緊張ㄅㄅ的？」我一面嘀咕著，一面請飯店服務臺幫我另行安排。

翌日一早，船家就在飯店的階梯口等我們上船了，雖在這炎熱的國度，此時此刻還真有涼意，用手摸摸湖水，冰涼得幾乎凍僵，幸好船家有經驗，早就幫我們備好毯子裹住全身。船就在一片漆黑中前進，完全見不著周邊景物，更分不出東南西北，一股恐怖的感覺慢慢襲來，這時翻船是會凍死的，我不得不佩服船家，也沒見他用指南針，也不抬頭看星辰，就這麼時而偏左時而右拐篤定的開著。一段時間後，周邊開始有船隻出現，他們都是趕往市集的，有的是動力長船，還可由馬達聲中發現他們的存在，但有些是人划的小舟，烏漆抹黑中都不點燈，如我們船隻無探照燈，真是會撞船的。

到達後，我們先上岸逛逛空蕩蕩的市集，這時碼頭才開始忙碌起來，接著我們再度回船上，由水面觀察碼頭忙碌的狀況，這時的水面來自四面八方的船隻開始聚集了，每一船隻都載滿了要販賣的物品，除了漁獲蔬果外，有些裝成一箱箱或一袋袋，也不知是什麼東西，許多船隻看似全家總動員，老老少少都有，他們的共同點就是因天寒，全身如我們一般裹著毯子，但等船隻一靠岸，老的小的就扛小樣物品，而成年人就扛著一箱箱貨物上岸，有些婦女更是把五、六箱貨物掛在粗竹竿上，前後兩人賣力的扛上岸，就在天微明時，五日市集販售的物品就這樣端上檯面。

當我再上碼頭進入市集時已和早先完全不同，市集內擠滿了人群，人聲鼎沸，少數民族鮮豔的服裝是一大特色，有些人頭上纏著各色布條，有些人嘴上還抽著土製大菸，市集販售的物品可說五花八門，由衣物、鮮花、食品到牛鈴、佛像，應有盡有。甚至有一人拿著剃刀，就在露天幫坐在木椅上的人理髮，旁邊還可見到一列等著剪髮的老少呢！整個市集無論哪一角落都嘻嘻哈哈的，好像一個大遊樂場，這氛圍著實令人開心。

1-3　龐鐸烏村五日市集的景象
4　龐鐸烏村的五日市集，露天理髮

✿ 宛如水上陸地的浮田

為了彌補沒有搭乘一葉扁舟的遺憾，第三日清晨我們就近雇請了一船夫，以小扁舟帶我們遊湖，這兒的小扁舟前後船緣都有一小塊平板，利於船夫盤坐或站立，搭乘小舟有個好處，就是可在橫七豎八的水道中鑽來鑽去，如此我們可以在村落中穿梭著，並且可以一路欣賞單腳划船的絕技。

在水道兩側可清楚觀賞到浮田，茵萊湖居民將水中撈起的溼土與湖裡水草結合成富含氣體的土壤，接著以竹竿插入水中為支架，形成肥沃的耕地，稱為「浮田」，浮田需等厚達 2 公尺才可利用，在上面栽種著番茄、花、絲瓜蔬菜等作物。途中船夫還讓我們踩上浮田，整個浮田是會起伏晃動的，那種感覺有點像太空漫步。

我發覺高腳屋還是有等級的，有的非常簡陋只有木窗，而有些則安上玻璃窗，有漂亮門框，大部分是一層樓，而有些則是兩層樓，外加漂亮屋頂浪板，當我們經過一兩層樓高腳屋時，船家對自窗口探頭的一婦女及小孩揮手說嗨。「妻子，小孩。」他以英文單字跟我溝通，語氣中充滿驕傲，還告訴我載遊客比以前捕魚賺錢呢。我望著那算新的屋子，心想他在這一區算收入不錯吧，若以後人人像他一般改行，不久之後，也許單腳划船捕魚將離開現實生活，只淪為一種表演技術而已。

❀ 世界獨有的蓮花絲編織

　　茵萊湖有一項世界獨有的技術，蓮花絲編織。這是利用蓮花莖內的絲纖維來紡織的技術，目前茵萊湖區只有堅坎村（*Kyaing Khan*）和恩波空村（*In Phaw Khone*）兩村在做蓮花絲編織。

　　蓮花絲編織誕生於一世紀前，當時堅坎村內一個名為鐸撒烏（*Daw Sa U*）的女人，從茵萊湖摘取博多瑪夾蓮花（*Padonma Kyar*）打算到佛寺祭拜。當她看見自蓮莖的摘折端產生的細纖維獲得了靈感，創造從蓮花莖纖維製成的絲線，並由這些絲線編織成第一件蓮花絲袍（*Padonma Kyathingan*），供奉給一個僧侶。該僧侶幫她改名為鐸夾烏（*Daw Kyar U*）作為回報，意為蓮花蛋女士（*Madam Lotus Egg*），往後她就一直以製造蓮花袍做為她的志業，並把技術流傳下來。

　　蓮植根於水中泥土，蓮莖高於水面開花，隱隱然有人生經過過渾水痛苦，而向上增長純化的意涵。佛陀也經常被描述坐在蓮之上，故自古以來在亞洲文化中，蓮花就是一神聖形象，因而這個製作過程的每一步驟都注入了編織者的精神，蓮花袍編織完成後常獻給僧侶，或把這些特殊的蓮花袍染成金黃色，然後用來披覆到佛像身上，這些都被視為對佛的奉獻和積德。

4

1 浮田
2 天真的茵萊湖水上
　小學孩童
3 船家的妻子與小孩
4 藕斷絲連的蓮絲

　　當我們的小舟穿過縱橫交錯，仿若迷宮的水道前往恩波空村，途中不時可看到幾葉扁舟載著蓮花正趕往村內各編織廠。導遊指著這些小舟說道：「這幾年編織廠由於業務擴大，村落本身蓮花種植不夠，需由附近其他區域供應。……在這裡，他們也編織棉布和由中國進口的蠶絲，但他們的專業是蓮絲紡織。」他接著說：「湖水越深，蓮莖就越長，同時也會有較多且較強韌的纖維可用。」到達蓮絲紡織廠時，映入眼簾的是一整排兩層樓木製水上高腳屋，它們的屋頂是用生鏽鐵皮簡單覆蓋著，由外觀實在無法看出這兒會製造出世界獨步的絕美之物。才下小舟踏上木製階梯的當兒，紡織廠的織機聲已迫不及待的從敞開的窗戶蹦出來招呼著我們。在這兒我們得以觀察到大半的蓮絲紡織過程。

　　蓮莖被採下後，得在 1 天內提取蓮絲，提取蓮絲的第一道程序是把 4 至 5 枝蓮花的莖握在手中，每 3 公分切割，然後於切割處向左右拉開，即露出蓮絲，再把這些蓮絲沾水搓揉成絲線，就在這一拉一搓間約可製成 50 公分長的絲線，此過程往往需重複 3 至 4 次以增加絲線的厚度及韌度，然後再把此絲線與新的蓮絲搓揉在一起以增加長度，這樣一條完美的蓮絲線就初步形成。當然之後還需經熱水滾煮、曬乾、染色的過程才能完成一可供編織的蓮絲線，一小塊圍巾往往需用到 4,000 枝蓮莖，而大的圍巾則需 4 萬枝蓮莖，一件僧袍更需用到 22 萬枝蓮莖，由於製程耗時耗力，完成後的成品比一般蠶絲編織貴六倍。

　　大約有數十人在這裡織布工作，其中大部分是婦女，而她們的丈夫大多是漁民或運送貨物和遊客的船夫，有一位婦女旁邊坐著一位可愛的小女生，她專注的看著在木製織機上不停穿梭著的絲線，當發覺我攝影鏡頭對準她時，靦腆的對我笑著。我內心猜測著，「不知是開始來學習，或是無聊來找媽媽？」也許耳濡目染，往後會成這方面的高手，但環顧四周，在這織機吵雜聲中竟無一人有戴耳罩，聽力受損對她們來說應該也會是個大問題吧？

　　據稱穿此蓮絲織物會讓人冬暖夏涼，身心平和，隨著緬甸的開放，外界對蓮絲產品越感興趣，需求勢必也提高，堅坎村第一位發展此技術的鐸撒烏女士蓮絲紡織廠，現在由她朋友的孫輩在經營，他們甚至成立 *Aung Sakkyar Lotus Robe Cooperative Ltd* 對外行銷，最近義大利流行設計師 *Loro Piana*，設計了一系列蓮織衣飾，*2012* 年發表在 *the Parisian design fair Maison et Objet*，而日本買家也對此蓮絲布感到莫大興趣，於是供不應求的現象產生了，現蓮莖已必須至緬甸其他各地方購買，卻不知如此是否會喪失原先對佛的那分虔敬。

1　織布廠內靦腆的小女生　　2　有數十婦女在這織布廠工作

茵萊湖五日市集
開放時間：6am-3:30pm
門票：使用湖區套票（10美元），一進入茵萊湖區收費站時就必須購買

木佛寺
開放時間：6am-6pm
門票：使用湖區套票（10美元）

五佛寺廟
開放時間：6am-6pm
門票：使用湖區套票（10美元）

✿ 茵萊湖旅遊資訊

茵萊湖五日市集

在黑荷、雅瑪村、龐鐸烏、茵鄧（Inthein，Nyaungshwe）等茵萊湖周邊村鎮五日一輪的不定期市集，輪流在不同的時間舉行，主要是讓不同地區的村民有機會做買賣。這兒有各色少數民族，市集充滿活力，值得一遊。

木佛寺 Nga Phe Kyaung

又名跳貓寺（Jumping Cat Monastery），因為從前寺裡和尚養了一群貓，這些貓都會表演跳圈把戲，令人印象深刻，但 2008 年佛寺換了住持，並不贊成此做法，故現在的跳貓寺貓不跳了。此寺建於十八世紀，全是柚木柱子，整個佛寺的建築沒用到一支釘子，但現在佛寺立水中的底部已改成土石，不是原先的竹木。其實這座佛寺是以收藏眾多珍貴的木佛像與佛塔著名，這些木佛像與佛塔均收藏自緬甸不同的地區與朝代。

五佛寺廟 Phaung Daw Oo Pagoda

此廟為撣邦南部最神聖的廟宇，內供奉五尊神像，已被參拜教徒用金箔貼滿而看不清原形。茵萊湖區每年 9 月底有慶典，供奉的佛像在 18 天中一直坐船繞湖，據說在 1975 年繞湖出巡時，發生颱風，船翻覆後只尋獲四尊，而未尋獲的神像居然神奇在寺廟中自動出現，如今翻船地設金天鵝紀念碑，而現在只有 4 尊佛像坐船繞湖，並沒有那尊曾經遍尋不著的佛像。

長頸族

　　長頸族人為克耶族，是緬甸北部的少數民族，舊稱 *Pa Daung*，約有 1 萬人，但現在許多族人移往泰國，實際人數已逐漸減少。在茵萊湖邊小村的織布店中可見到，是店主請他們來做工，一方面為招徠觀光客。長頸族原先婦女頸部加掛銅圈是為了防止在深山中遭老虎咬傷脖子，後來漸成一種傳統，且以擁有長脖子為美，族中少女於 5 歲開始在脖子在箍上 10 個小銅圈，隨著歲數增長而往上加，重約 8 公斤。

龐鐸烏市場
Phaung Daw Oo Market

　　在茵萊湖最南端，五日一輪市集之一，在此可看到眾多穿著奇裝異服的少數民族，販賣各式古早農具及叫賣各式各樣的農產品、山產、花卉、生鮮等，相當精采有趣。

INFO

長頸族部落
位置：位於瑪雅村織衣廠
開放時間：6am~6pm
門票：使用湖區套票（10美元）

龐鐸烏市場
開放時間：6am~3:30pm
門票：使用湖區套票（10美元）

1-2 跳貓寺
3 五佛寺供奉的五尊神像，已被金箔貼得無法辨識原貌
4 長頸族少女
5 龐鐸烏市場

茵鄧村 Inthein／Indein

經過蜿蜒的水道，上岸後往上行走，兩旁蘆葦茂盛，第一個入眼的是喃烏哈克佛（*Nyaung Ohak*）傾斜的佛塔，被廢棄於草叢中，但仔細觀察仍可發現灰泥雕塑的華麗裝飾，再往上爬即到達這被暴風雨吹垮的 *1,054* 佛塔群，瑞茵鄧佛塔（*Shwe Inn Thein Paya*），考據上此佛塔群最初建於西元前 *273* 至 *232* 年，由斯里達瑪索卡王（*Siri Dhamma Sawka*）所建，十二世紀重建，於十四至十八世紀及現代又加建些佛塔，因而此區呈現新舊佛塔並存景象，由此可眺望整個湖區。

INFO
茵鄧村
開放時間：6am-6pm
門票：使用湖區套票（10美元）

雅瑪村 Ywama

第一個朝觀光發展的村落，蜿蜒的水道，周邊是柚木高腳屋，相當美麗，該地以五日市集中的水上市場出名，但往往因過多的遊客船造成壅塞。在此區可見長頸族織布、製菸廠及小型銀器製作廠。

1-2 瑞茵鄧佛塔，新舊雜陳，如火箭般矗立
3 雅瑪村的銀器製作廠
4 雅瑪村的製菸廠

緬紹 Maing Thauk

在湖的東側，一半在路面，一半在水面，兩邊靠 400 多公尺的木橋相連，於木橋上可觀賞浮田，或搭小船至此，緩行於蜿蜒的水道中，一邊觀賞景色，一邊觀賞水上人家的生活。

INFO

緬紹
開放時間：6am–6pm
門票：使用湖區套票
（10美元）

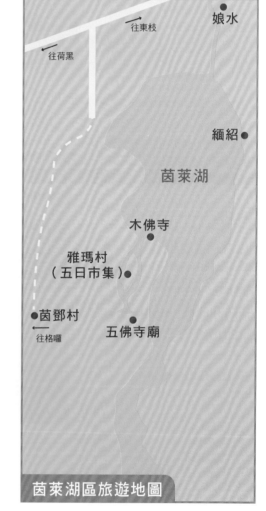

1 水上學校
2 天真的學童奔馳於相通的各個教室
3 半路半水的緬紹村，兩邊靠木橋相連

往東枝
往荷黑
娘水
緬紹
茵萊湖
木佛寺
雅瑪村
（五日市集）
茵鄧村
往格囉
五佛寺廟

茵萊湖區旅遊地圖

★★交通／住宿資訊★★

對外交通

到娘水即進入茵萊湖區，有幾種方式可以前往娘水。

✈ 飛機

仰光 ——————→ 荷黑機場 ——————→ 娘水
　　　1.5 小時／ 91 美元　　　計程車
　　　　　　　　　　　　　1 小時／ 25 美元

曼德勒 ——————→ 荷黑機場 ——————→ 娘水
　　　1 小時／ 42 美元　　　計程車
　　　　　　　　　　　　　1 小時／ 25 美元

🚌 巴士

仰光 ——————→ 水娘 ——————→ 娘水
　　　東枝線　　　　計程車
　　16 小時／ 20 美元　10 分鐘／ 5 美元

曼德勒 ——————→ 水娘 ——————→ 娘水
　　　東枝線　　　　計程車
　　12 小時／ 14 美元　10 分鐘／ 5 美元

區內交通

摩特動力船或人力小舟。約 15 至 40 美元，視路程長短及個人議價功夫而定。一般由娘水碼頭坐船到湖中飯店，40 分鐘／ 15 美元。租船一天約 32 美元。

住宿

🏠 Paradise Inle Resort

湖中飯店，對外之唯一交通工具即是船隻，有遺世獨立的感覺，安詳、平靜與浪漫，可悠閒的欣賞落日。

· 地址：Mine Thauk Village, Inle Lake, Nyaungshwe
· 價格：70 美元

🏠 Inle Princess Resort

飯店內各種裝飾考究、細緻，周邊鳥類繁多，房間內供應望遠鏡賞鳥，就像住進鳥園。

· 地址：Magyizin Village, Inle Lake, Taunggyi
· 價格：200 美元

PART 5

緬甸西部
若開邦

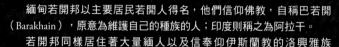

　　緬甸若開邦以主要居民若開人得名，他們信仰佛教，自稱巴若開（Barakhain），原意為維護自己的種族的人；印度則稱之為阿拉干。

　　若開邦同樣居住著大量緬人以及信奉仰伊斯蘭教的洛興雅族（Rohinya），許多緬甸人對洛興雅族懷有敵意，甚至拒絕承認他們的存在，認為他們是孟加拉人、非法移民，因此常爆發種族間戰爭，是緬甸聯邦中極不穩定的區域。

　　我在規劃旅行前，也曾一度猶豫是否該來此，那時臺灣外交部把緬甸列為黃色警示區，意思是應特別注意旅遊安全並檢討應否前往，外交部並指出若開邦發生嚴重佛教徒與穆斯林的流血衝突，導致 400 人喪生，14 萬人流離失所，該訊息同時顯示於 2013 年 10 月，仰光發生四起土製炸彈爆炸事件，於是我懷著忐忑不安的心情詢問了在地朋友 ，「安啦！戰亂都已平息了，只要避開克欽邦少數區域即可。」他們如此告訴我。

　　其實若開邦是頗有歷史的，如不前往也會有些遺憾。若開邦自西元前 266 年就已經是獨立自主的文明古國，阿拉干國，古時領土遠遠比現在大，包括孟加拉國的吉大港（Chittagaung）與印度的加爾各答（Calcutta）城市遠郊一帶，都曾長期臣屬阿拉干國。在建立以妙烏為都城的妙烏王朝前，就曾有過以 Dhanyawaddy、Vesali、Launggret 為都城的三個王朝。

　　於是克欽邦的葡萄歐就從我規劃中刪除，而若開邦仍然保留。

佛陀與真主
汐堆市 *Sittwe*

汐堆（*Sittwe*）為若開邦（*Rakhine state*）首府，人口 *20* 萬，*2000* 多年前已開始有人居住，*Rakhine* 意為維護自己的種族的人，若開族祖先曾在若開邦建立偉大若開王朝，但當時是以妙烏為首府，直至緬族入侵滅此王朝時，此地仍是個小村落，汐堆到 *200* 年前才開始慢慢發展為貿易港，但過程緩慢，一直到英人 *1826* 年併吞若開邦，將首府由妙烏搬到汐堆，此地才真正爆發性成長，並成為在英屬殖民地時期是一重要城市。

汐堆市於二戰英日戰火下遭到嚴重損毀，但仍保有許多英屬殖民時期的建築，此地有許多種族，包括若開族，緬族，印度人及信奉穆斯林的洛興雅人居於此地，根據緬甸政府 *1982* 年頒布的「緬甸公民法」，洛興亞人被劃成孟加拉人，在緬甸屬於非法移民。洛興雅族人數雖然超過 *100* 萬，在若安邦居住了數代，因為他們語言、文化、宗教信仰與緬族的不同，在緬甸主流民意看來，他們仍然是外來人，被稱為「賓加利人」，即來自孟加拉的非法外鄉人，既無名也無分。

洛興雅族與緬族之間除了不同種族信仰文化造就了對立，英國在二戰時為阻止日軍由若開邦入緬甸，將洛興雅人建構成部隊，據說當時洛興雅人一方面阻止日軍，另一方面卻又藉機殺害緬甸佛教徒逾 *10* 萬人，因而使兩族間的衝突更加劇烈，兩族 *2012* 年 *5* 月就曾在此發生嚴重流血衝突。此地位於加勒丹河（ *Kaladan* ）進入世界第一大海灣，孟加拉灣出口處，因其特殊地理位置，據有戰略上重要性，中印兩國都積極在此投資建設，目前印度已在此投資建設深水海港，但如果種族衝突不能解決，它將成為此區域的地雷。

❀ 恐怖的一夜

緬甸仍然是瘧疾的疫區，行前我特地上疾病管制局官網查了一下資訊，緬甸瘧疾案例自 1990 年的每千人口 24 例，至 2010 年的每千人口 10 例，雖然有顯著下降，但這仍然是相當驚人的發生率，尤其官網上特別註明，緬甸全境高度在 1,000 公尺以下的鄉村均為疫區，而且註明一般常用的瘧疾用藥氯奎寧（Chloroquine）在緬甸是無效的，且提醒在當地購買的藥物品質不良，有可能是偽藥如此云云，令人看了心驚膽戰，於是我問了緬甸在地的朋友有關瘧疾的疫情。

「安啦！緬甸什麼都不會，最會治療的就是瘧疾。」他拍胸脯跟我掛保證。

但我總覺內心不踏實，醫學上對瘧疾的防治有 A、B、C、D 四步驟，A 是 Accessment（評估），需評估去瘧疾的流行區旅遊有可能被感染的機會。B 是 Bite（叮咬），要透過採取適當措施以避開或降低被蚊子的可能機會。C 是 Comply，Chemical prophylaxis（順從，服用預防瘧疾的藥物），因為研究已經顯示採取這種預防措施有降低染上瘧疾的危險。D 是 Diagnosis（診斷），至瘧疾流行區旅遊，如果發生症狀，要早期與治療。

雖然行前有朋友告訴我危邦不入，亂邦不居，但基於籌劃已久，不入虎穴焉得虎子的心情，我只好以最高規格的防範來因應他們的善意。於是一般的防蚊液、防蚊貼就被列為是最基本的物品，事實上以醫學的角度看，這些只是聊勝於無罷了，真正的防蚊液需含 DEET ，而幾乎市面上販售的防蚊液反而不含此成分，我著實費了一方工夫才備妥含 DEET 的防蚊液。同時又購買了幾個重 200 公克，輕便型野營用蚊帳，接著行前開始服用有效的瘧疾預防性用藥，並備妥足夠量治療瘧疾的第二、三線用藥。

雖然一路上我選擇的住宿儘可能不要太差，但在汐堆入住後我傻眼了，號稱是高級飯店，但檢視一下環境，房內不但紗窗破了幾個洞，且耳際不時傳來嗡嗡的惱人蚊聲，於是帶來的蚊帳派用上場了，此外我們是身著長袖衣褲就寢，並且全身裸露於外的肌膚都塗上防蚊液，深恐一不小心著了蚊子的道兒，就這樣驚恐的度過了一夜。

⚛ 一美元的重量

當地人的交通工具大多為摩托車及腳踏車，也有兩種運輸工具可搭乘，其中一種是附帶有兩個座位的腳踏車，*Trishaw*，另一種則是破爛的小貨車，上頭破帆布上寫著「*TAXI*」，到汐堆的旅客可說寥寥無幾，當地人告訴我們，要了解汐堆就要到汐堆漁市場，同時在漁船碼頭觀看日出，於是天未亮，我們就搭乘「*TAXI*」前往漁船碼頭。

清晨六點鐘不到，滿載而歸的漁船就一艘艘停靠碼頭，漁夫賣力的把捕獲的大小魚類扛上岸，在一片吆喝聲中，汐堆的清晨就在這活力中悄然揭幕，在眾多漁工中很難不發現兩個小孩特別賣力的扛著漁獲，他們來來回回扛著超出年齡該有的負擔，但臉上卻始終掛著笑容，一種樂天知足的笑容。當他們與我錯身而過時，我與他們短時間交談一下，該是上學的年齡吧？學費雖不貴，但吃住的費用哪來？家人每人都得維持生計呢！我給他們一人一美元的小費，算是精神上的支持吧！並告訴他們：「希望你們能保持這種樂天努力的態度，往後自己打出一片天地。」

沒想到小孩竟親吻手中那一元紙鈔，爾後蹦蹦跳跳的離開。

1 防瘧疾大作戰，野營用的蚊帳派上用場
2 另類 TAXI，兩個座位的腳踏車，Trishaw
3 另一種 TAXI

一美元能有多大？我們常在不經意間就花掉它的幾倍！但對他們而言，卻是需要犧牲課業，打一兩天工才掙得到，我衷心的希望藉由這一美元能燃起他們的鬥志，並帶給他們幸運。

　　汐堆漁船碼頭觀看日出後，這時漁市場已相當忙碌，販售物品相當多元化，由剛剛才從漁船扛上岸的生鮮漁貨到一捆捆的魚乾，從一堆堆的蔬果到日常生活用品，應有盡有，市場內可見若開族、緬族、印度人等形形色色人種，穿著傳統服飾，穿梭於狹小的市場通道，在這兒觀察當地多種族生活，的確是一相當不錯的體驗，回想我剛到汐堆時，曾要求導遊帶我至建於 1859 年，此地最大的清真寺 Jama Mosque，那時導遊告訴我：「Jama Mosque 不存在了！」他的意思是，清真寺於種族衝突中被毀掉了。

　　在表面一切和諧的底下，實在看不出這兒會爆發層出不窮的種族（宗教）衝突，我不了解的是，幾乎所有宗教都教導信眾要容忍，但無論在佛陀慈悲的眼下，或在真主引領下，就真的都容不得異教？

1 一美元的香味　　5 汐堆漁市笑容燦爛的小販
2 向前行　　　　　6 先進手機對部分若開邦居民而言還很新鮮
3 萬石風雨一肩挑　7 汐堆漁市場的童工
4 晨曦中的汐堆漁港

汐堆市旅遊資訊

汐堆漁船碼頭市場

Sittwe Fish Market

可在汐堆的碼頭觀看落日，同時在緊鄰的漁市場觀察當地人生活。

雷覺度修道院

Rekyawthu Monastery

西元 *1841* 年雷覺度（*Rekyawthu*）所捐建，提共給僧侶修行生活，當地居民也會至此受教於僧侶。

INFO

汐堆漁船碼頭市場

位置：位於 Strand Rd.

開放時間：5am~4pm

門票：免費

雷覺度修道院

位置：位於 Main Rd.

開放時間：6am~9pm

門票：免費

1 汐堆漁船碼頭市場一隅

2 雷覺度修道院

3 雷覺度寺廟簡陋的外露鋼梁結構

4 雷覺度寺廟的窗子是彩繪的

雷覺度寺廟 Rekyawthu Shrine

1861 年同樣由雷覺度所捐建，整體為外露鋼梁結構，相當簡陋，但在當時確實不容易，寺廟的外觀為類似鐵皮屋的閣樓模樣，窗子也多是彩繪的，為當時最大寺廟。

雷覺度寺廟
位置：位於 Main Rd.
開放時間：6am~9pm
門票：免費

瑪哈固撒拉修道院博物館
Mahakusala Monastery Museum

　　有 99 個歐式窗子，建於 100 年前，二樓收集佛教相關法物，一樓則提供學生免費教育，有些貧困學生會睡在此打地鋪。

若開邦文物博物館
Rakhaing State Cultural Museum

　　講述該區域的民俗，以及若開區域由西元前 3000 年及其後四個時期的歷史。

囉嘎楠達佛塔　Lokkanandar Temple

　　1993 年，由登盛將軍所建。

INFO

瑪哈固撒拉修道院博物館
位置：位於 Main Rd.
開放時間：7am-9pm
門票：免費

若開邦文物博物館
位置：位於 Main Rd.
開放時間：周二至周六 10am-4pm
門票：2 美元

囉嘎楠達佛塔
位置：位於 May Yu St.
門票：免費

1 瑪哈固撒拉修道院博物館
2 若開邦文物博物館
3 囉嘎楠達佛塔
4 懸掛於樹梢的巨型蝙蝠

巨型蝙蝠樹 Fruit Bat Tree

在汐堆大學邊，有成千上萬隻巨型蝙蝠懸掛於樹梢，相當壯觀。

交通／住宿資訊

對外交通

根據規定，外國旅客到汐堆只能搭乘飛機。

‧ 仰光→汐堆，1.5 小時／ 110 美元。　　‧ 汐堆機場→市區，15 分鐘／ 3 美元。

市區交通

以人力三輪車為主，約 2 美元；腳踏車一日／ 2 美元。

住宿

Shwe Tazin Hotel

紗窗有破洞，以設備而言，價格稍貴。

‧ 地　址：250 Main Rd., Palintaw Kyay Pin Gyi Qr., Sittwe

‧ 價格：35 美元

Noble Hotel

設備簡陋。

‧ 地　址：45 Main Rd., Mawleik Quarter, Sittwe

‧ 價格：35 美元

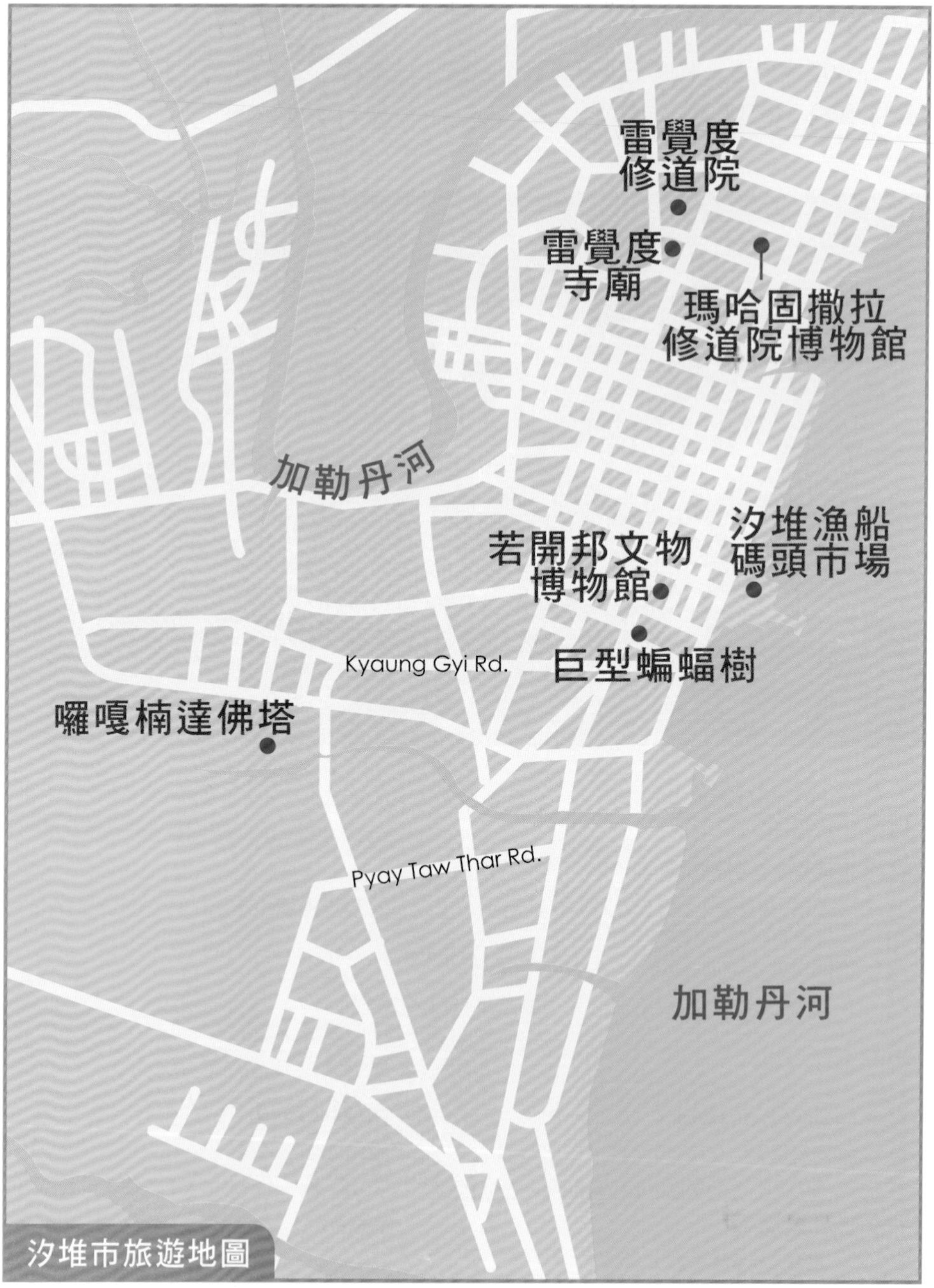

雷覺度
修道院

雷覺度
寺廟

瑪哈固撒拉
修道院博物館

加勒丹河

汐堆漁船
碼頭市場

若開邦文物
博物館

巨型蝙蝠樹

Kyaung Gyi Rd.

囉嘎楠達佛塔

Pyay Taw Thar Rd.

加勒丹河

汐堆市旅遊地圖

加勒丹河兩岸盡是農作

十六世紀的黃金城

妙烏鎮 *Mrauk U*

　　妙烏在加勒丹河支流的源頭岸邊，距離海岸 80 公里，但幾百年前其周圍有許多深的河流圍繞，即使是最大的船隻也可往來，由於它居於印度與東南亞間的戰略位置，使得它可經由陸路或海路與東西方相交通，因而一度成為當時的商業文化中心。

❀ 不滅帝國的神話

導遊告訴我：「1404 年若開 Minsawmon 王在位期間，戰禍連連，他甚至曾流亡至孟加拉，這段期間若開邦幾乎淪為阿瓦王朝及勃固王朝的戰場。……23 年後在他國幫助之下奪回王位，因為王宮經歷戰爭毀損，遭受雷擊，同時星相家告訴他王宮受詛咒，有毒蛇及惡靈之鳥棲息，於是 Minsawmon 決定遷都至此，讓妙烏經歷了 355 年的榮景。」

一個流亡的國王，加上受詛咒的王宮，譜成妙烏揮灑的舞臺，而我正坐在一艘船上，要前往這舞臺，想著不禁讓人有些興奮。

「其實建立妙烏為都城還有很多傳說。」導遊說著，並一一跟我描述。當初決定遷都時，國王帶著大臣及星相家到處尋找適合建都之地，某日在一山頭上站著一穿著怪異的老者，他不說一語，只用手指指著一方向，於是國王一行人就朝那方向前進，途中見到兩位女子在捕魚，站在南方的女子說：「Mrauk U 妹妹，妳捕到魚了嗎？」站在北方的女子答：「Wathay 姐姐，我捕到魚了。」由她們的對談，國王知道他們朝北走的地方叫 Mrauk U（妙烏），接著在他們前進過程一直發現許多異象，最初他們見到一隻貓在追老鼠，原本老鼠是順時鐘方向在逃跑，等他們走近時，老鼠反而以逆時鐘方向在追貓，接著他們又見到一隻老虎在追鹿，鹿也是順時鐘方向在逃跑，等他們走近時又變成鹿以逆時鐘方向在追老虎，接著他們又見到蛇在追青蛙，同樣的等他們走近時，又變成青蛙在追蛇，並且把蛇吞了，於是眾人皆認為這是吉兆，國王遂決定在那地點立都，命名為妙烏。

在王宮起造時，預言家挑了兩個日子要國王挑選，一個日子可以讓國王長壽，但王國不久就會毀滅，另一個日子則是國王只能活幾年，但王國可矗立幾百年，結果國王選擇了後者。王宮動工時，砍了一棵大樹，發現樹幹內有個大洞，裡頭有 5 隻白蜥蜴，預言家說這象徵以後會有很多船舶來此，後來又挖出兩個壺，一個壺裝著紅土，另一個裝著白土及四顆虎牙，預言家告訴國王，紅土象徵王國將會持續很久，並會很富饒，而白土則表示以後將有一偉大國王在白傘下騎著白象登位，而四顆虎牙則預告王國將強大、無所不摧。

這些傳說最令人驚訝的是，都在往後的歲月中一一成真了。

十六世紀時一位荷蘭人到過妙烏，形容妙烏是亞洲最富有的商港城市，與當時的倫敦與阿姆斯特丹相當，依他的描述，妙烏在當時是自由商港，貨物進口免稅，主要輸

出稻米和大象，這個城市擠滿了來自鄰國和遙遠的國家，如荷蘭、葡萄牙和西班牙等外國客商，從歐洲出發到東方城市貿易的數百船舶，都得停靠在妙烏。

妙烏雨水充沛，整個城市周圍盡是稻田，而當時的鄰國印度卻不時遭受旱災侵擾，因此歐洲人稱妙烏為「黃金城」。十六世紀至十七世紀初是妙烏的黃金期，在 1531 年至 1553 年明彬王（Minbin）統治時，建立了一個擁有 1 萬艘船隻的龐大海軍艦隊，並擁有現代化的大砲來保護王國 1,500 公里海岸線，同時依著自然高起的山脊建立堅強城牆和堡壘。1599 年 Min Razagyiup 王因孟族勃固王擁有聖物白象，因而出兵攻打勃固，並占領了勃固，被稱為白象君王，若開王朝在立都妙烏的這段期間，鮮少有戰事，有的話也多是戰勝，這些都印證了當初的預言神話。

但盛極則衰，風水輪流轉，1784 年，緬甸貢榜王朝國王孟雲攻破妙烏，滅了若開王朝，並掠奪他們的聖物，依佛祖形象鑄造青銅佛像，瑪哈牟尼（Mahamuni Pagoda Image）。

✿ 不舀水就會沉的船隻

對遊客而言，要到妙烏需先搭機飛往若開邦的首府汐堆，然後再搭船沿加勒丹河，約 7 小時的航程；也可以乘坐巴士跨越若開山脈到達，但據說路況相當不穩定，連當地人也少用此途徑。

當我坐在不是很高明的木製馬達船上，導遊還特地提醒我們，這是特地為我們安排的當地豪華級客船，於是船隻就在馬達吼叫聲中沿著加勒丹河往妙烏前進，船駛得很快，就好像奮力要證實它是艘好船般，加勒丹河的河水有點混濁，比伊洛瓦底江寬廣，水量即使在這枯水期仍然相當大，一路上河的兩旁盡是農田，可見到一坨坨稻草堆散布其間，船隻非常少，偶而幾艘與我們擦身而過，船上乘客也總是熱情的與我們揮手。我發覺若開邦居民的船隻都非常克難，河面上的船隻由手筏的

簡易自製型帆船帆布上常可見補丁

舢舨船到稍大一點的馬達船都有，但有個共同點就是東補西補，偶而可見到幾艘小帆船，但同樣的，船的帆布是由許多碎布塊拼湊而成，途中我見到好幾艘小船，船內的人員一直用水桶往外倒水。

我好奇的問：「這是做什麼？」「因為船漏水，所以必須把滲入船內的水不停往外倒，否則會沉船。」導遊一派輕鬆的回答，好像司空見慣。我望著船隻內舀水的人員，他們可忙著呢！左手累了換右手，右手累了換兩隻手一起舀，一刻也不停，這種只有在卡通影片中才有的場景，今天竟在加勒丹河不停的上演。

望著滔滔江水，可想像曾是商船雲集的這兒，有來自各地的大型商船，船板上黑褐色肌膚的水手彼此吆喝著，有的船上頭堆滿了要販售的商品，而有些則堆滿了採購的稻米，甚至我似乎見到遠處商船上載著每隻以 *1,300* 個銀幣買來的大象，那大象的嘶吼聲傳至百里。

這是相當長的航程，當船隻駛到半途時已然天黑，我猛然抬頭，驚奇的發現不知何時暗夜中竟然繁星點點，也許這兒無光害，空氣清淨，加之河的兩旁是偌大平原，使得一顆顆的星兒燦爛得如同鑽石一般，我右前方的北斗七星不但異常明顯，更讓人驚豔的是，河面竟然清晰的映著七顆星的倒影，天上七星的斗杓幾乎與河面七星的斗杓相連在一起，這時我想起了一對聯。

北斗七星，水底連天十四點。南樓一雁，月中帶影一雙飛。

這對聯雖然於中學時已讀過，但卻一直未能實地體驗，此時此地親眼見著，真是令人感動。

🎴 維持原貌的佛塔

　　妙烏的佛塔雖然不如蒲甘的數量之多，但就一個超過 2,000 年歷史的王國而言，數量還是相當可觀，故除了歐洲人慣稱它為黃金城外，一般也公認它是布滿佛塔的大地。

　　整個妙烏的佛塔依地理位置分為北部、東部、南部及西部佛塔群，另外還有周遭的 *Dhanyawaddy*、*Vesali*、*Launggret* 古都遺址，都有 1、2,000 年的歷史，相較之下妙烏古都 584 歲的年齡顯得年輕多了，正因為妙烏及其周遭有這麼多的佛塔遺址及歷史遺跡，一一探詢的話至少要花一個星期以上，很不幸的，我們在若開邦只有 4 天的停留時間，所以只能犧牲掉很多地點。

　　妙烏的佛塔有其獨特風格，外觀有點像碉堡。緬甸佛塔依顏色而言，蒲甘為紅色，在實皆省和曼德勒為白色塔頂鍍金，而妙烏的佛塔呈暗黑色帶微綠，蒲甘的佛塔周圍黃沙滾滾，大地又乾又瘠，而妙烏的佛塔周圍總是一片綠意、生機盎然，佛塔的旁邊往往就是稻田、村落，許多居民的住家就在佛塔前，因此佛塔前時常可見小孩在嬉戲著，成群的牛羊在啃著草，有時可見村婦頭頂著從印度進口、裝著水的鋁壺，或托著缽的僧侶由佛塔前曼妙走過。整體而言，妙烏佛塔給我的感覺是更貼近庶民的生活，而不是高不可攀。

1　會漏水的船隻，船內人員需不停用水桶往外掏水
2　妙烏的土地是充滿生氣的，居民就在佛塔邊種植蔬菜稻子
3　佛塔旁即是住家

　　佛塔中以都格登佛塔（*Dukkanthein Pagda*）設計最為特殊，它屬於北部佛塔群，
Minphalaung 王於 *1571* 年建造，*Dukkanthein* 意指撐住屋頂，象徵堅固得可撐住天，
讓王國永遠不墜，佛塔外觀上看上去依然像一座碉堡，但內部則採有如貝殼般的螺旋設
計，藉由一條迴廊通往內室，迴廊兩邊有 *146* 個供奉佛像的神龕，石壁上有 *64* 種官員
至庶民傳統髮式的浮雕，這些佛像及浮雕都保持得相當良好。

　　這得歸功於到妙烏的遊客寥寥無幾，且妙烏因為偏於一隅，較少獲得整建資源，
這也使得妙烏佛塔佛像能保留原來的面貌，我總覺得妙烏的佛像才是真的佛像，它不像
緬甸其他地方的佛像經過整修後被漆得有如現代藝品，或看起來很卡通的感覺，許多佛
像背後甚至被裝上 *LED* 燈，有如布袋戲一般金光閃閃。當時我曾問導遊：「為何要用
如此的修補法？」

　　「因為維護者認為佛也要跟上時代！」這是我得到的答案。

1 妙烏佛塔數量雖不及蒲甘，但土地充滿活力，
　不像蒲甘予人乾癟癟的感覺
2 都格登佛塔外觀像一座碉堡
3 都格登佛塔恍若迷宮的螺旋狀迴廊
4 都格登佛塔由螺旋狀迴廊外層可透視到內層
5 都格登佛塔古樸的佛像

不復存在的雕樓玉砌

除了古老的佛塔外，我們也去探訪曾經顯赫一時的妙烏王宮，如今除了破敗的城牆，殘存的木柱與叢生的雜草外，其他幾乎已蕩然無存。

王宮建於 1430 年，由廢墟仍然可以看到當時的三層平臺結構。據考察，第一層平臺為警衛室，瞭望塔和營房並安置大象和馬匹，第二層平臺為議事大廳，第三層平臺則為王室成員住處。

一位葡萄牙傳教士於 1629 至 1637 年住在妙烏，出版一本書描述 Thiri Tudhamma 王於 1635 年的加冕儀式，並表示在當地市場大量出售紅寶石、藍寶石等鑽石，讓他驚訝，他描述道：「……當他們進入三重城牆的城堡時，太陽升起來了，光線照在鍍金的屋頂上，彷彿被賜生命般的屋頂，突然散發出耀眼光芒，讓人感覺就好像它們是金子做的，輝煌得讓人以為整個宮殿是鍍金的。大廳的屋頂是由鍍金和漆成紅色如森林般的柱子支撐著，上頭刻有如夢似幻般的雕飾。」

「……王宮內房間的質材是紅白相間的色檀香木和野生鷹木，質材自身放出陣陣天然香氣，有一個房間被稱為『黃金屋』，從上到下完全由黃金裝飾，連天花板都鋪上最細緻的黃金……議事堂內也有七個黃金神像，每一個大小和形狀都如同男人般，且上頭裝飾著許多精美的寶石。」

由這些描述，可以讓人遙想當時的盛況。那黃金神像是高棉青銅器，據說擁有保護國家的神力，在戰爭中一直被當成是一種戰利品，它們從柬埔寨流落到泰國，然後到勃固，若開王朝 Meng Raza Gri 王於 1600 年征服勃固時，又把它們掠奪到妙烏，但令我感到諷刺的是，後來貢榜王朝孟雲王征服若開王朝時，又再次把它們劫走。

INFO

妙烏王宮
位置：位於妙烏市中心
開放時間：6am~7pm
門票：妙烏套票

✤ 十年後將消失的欽族紋面人

　　欽族是緬甸少數民族中第六大少數民族，人口約為 92 萬，占全國總人口 2%；來自西元前 225 年秦始皇時代的中國某山地，部分史學家深信「欽」就是「羌」，現在主要居住在緬甸西北部欽邦。

　　我們要造訪的紋面族即屬於欽族，他們主要居住在欽邦南部及若開邦西北方，這些都是緬甸最窮最落後地區。導遊用手遙指著河的上游說：「過了交界處就是欽邦山區了，那時我們無法再前進。」他的意思是說，由於進入欽邦須經特別申請，我們沒經過允許，如要探訪紋面族，只能到位於若開邦和欽邦交界處的幾個欽族部落。接著導遊又說：「十幾年前我進入欽族更深入的山區，那兒的欽族不知什麼叫做錢，一切生活都是以物品交換。」這是多麼封閉的地方呀！

　　於是我們乘坐動力獨木舟沿雷莫河（Lemro）上行，雷莫河蜿蜒流經緬甸境內若開邦北部與欽邦南部。在馬達嘶吼聲中，慢慢的，渾濁的河水變成了清澈的溪流。終於，我們探訪了兩個遺世獨立的欽族部落，克里特欽村（Krit Chaung）與伯龐村（Pan Paung）。

　　第一個部落克里特欽村有 100 個欽族人，其中只剩 5 個老人紋面；第二個部落伯龐村有 500 個欽族人，其中只剩 70 個老人紋面，這些都是 60 歲以上的婦女，屬雷圖

1　克里特欽村紋面婦女
2　伯龐村紋面婦女

欽族（*Laytu Chin*），臉上泰半布滿縱橫交錯的刺青，令人驚訝的是連眼皮上都布滿這些圖案。她們在耳垂上打洞，塞入金屬做裝飾，使整個耳垂大而明顯，有些在織布，有些在照顧小孩，小孩都具有印度或孟加拉人輪廓，相當可愛。當我們拍照時，大人小孩也都大方的讓我們拍照，不同的是第二個村落的紋面婦女擺出要收費的手勢，這點起初讓我感到有些反感，導遊解釋後才知道，她們是想要與我們的手碰觸表示善意，這讓我驚覺到自己犯了主觀上的錯誤。

「她們都是全村資源共享，這些老人知道自己的稀有，也知道自己來日無多，希望有生之年多為族人貢獻一些，因此希望利用自己殘餘價值收費，把這些費用興建擴充村內的學校。」導遊解釋她們收費的緣故，讓我對她們肅然起敬。

　　其實在第一個村落時我們已參觀過當地學校，學童就以幾張長板凳當作書桌，集體坐或跪著塗塗鴉鴉，相當簡陋，聽完導遊解釋之後，我深深望著她們臉上刺青的圖像，不由得產生敬佩之感，然而這些圖像的涵意至今已無人知曉。欽族婦女的紋面圖案因不同部落而各異，基本上全臉都紋上各種由點、線條和圓圈組成的藍黑色刺青。傳統上紋面只能由專責的女性紋面師執行，她們會以煤灰和植物汁液製成一種特殊墨汁，再用荊棘或針將混合的墨汁刺入細皮膚中。世人對欽族紋面的習俗有幾種截然不同的說法。一種說法是在臉上紋上蜘蛛網一樣的圖案，被她們視為一種美的表現；另一種說法是，由於過去這裡經常發生緬族強搶婦女的事件，婦女紋面是為了讓醜化女性，讓緬甸國王停止強搶婦女以為奴隸使用。

　　「紋面目的就是讓婦女看起來醜些，防止被侵犯呀！」導遊發表他的看法。

　　但一位德國攝影師、作家，延斯‧烏瓦‧帕基尼（*Jens Uwe Parkitny*）與導遊看法不同。帕基尼曾為了拍攝欽邦婦女紋面多次進入欽邦南部及若開邦西北部，並在 2007 年發表一本畫集，《血臉》（*Bloodfaces*），記錄紋面的欽邦婦女，取這名字是因為接受刺青的女孩臉上，一定會有眼淚和鮮血汩汩而下，成為一張張名符其實的「血臉」。他同時於 2009 年在香港舉辦「欽邦婦女臉龐‧攝影展」（*Faces of the Chin Women*），帕基尼認為紋面是基於欽族的審美觀以及成長儀式，覺得紋面醜，是以文明世界認為平滑無瑕的皮膚才是美的觀點去看紋面。

1-2 欽族紋面婦女
3 欽族村內簡陋的高腳屋教室，以長板凳當作書桌，甚至地板到處破洞

欽族小孩，我的未來不是夢

　　同樣的，《緬甸時報》（*Myanmar Times*）一篇刊載於 *2011* 年 *4* 月 *25* 日的文章，〈欽邦紋身婦女吸引遊客到偏遠地區〉（*Tattooed Chin women lure tourists to remote region*），訪問一些受紋面的婦女，她們回憶 *50* 幾年前的紋面過程，雖仍然覺得很痛苦，但卻覺得紋面讓她們成為具吸引力的女人。

　　臺灣泰雅族、賽德克族、賽夏族均有紋面，紋面的因素應是多重的，除了這些部落傳統上認為紋面是一種美觀外，紋面也是一種成年儀式，表示男子可狩獵，女子可織布，已具備求生技能，因每一部落紋面的圖樣不同，故在戰爭中也有分辨敵我的功能，此外整個部落更認為如果有成年人未紋面，部落必將有人重大疾病或死亡，因而形成一種牢不可破的傳統習俗。有趣的是也有學者認為泰雅族女性紋面是避免被漢族強擄，這與導遊的說法有點一致。

　　現在的女孩不希望得到這樣的紋面，她們不再覺得這是美麗的裝飾，同時因為基督教傳教士改變了之前萬物靈的信仰，加上在 1962 年社會主義政權時禁止紋面，所以欽族紋面越來越罕見，乃至於十年後終將消失，這情形有點像臺灣泰雅族紋面，日治時代為了徹底消滅泰雅精神，日本政府於 1913 年通令全省泰雅部落禁止紋面。這些主政者的禁令，當初是為了要消除部落的精神文化，達到易於控制的目的，想不到卻使一些人脫離了傳統束縛之苦。

　　但相對於欽邦的女孩不需再經歷她們祖母痛苦的紋臉經驗。在泰緬邊境的長頸族少女可沒如此幸運，她們仍以銅環套在脖子上，藉以拉長脖子，並以此為美，即使至現代因受制於傳統觀念，且經由此可吸引遊客增加收入，年輕一代的長頸族婦女還是迫於無奈繼續穿戴著黃銅環來掙錢，但也引起道德譴責，認為這是「以人為動物園」的現象。傳說中長頸族以銅環套在脖子，最初是防止婦女被猛獸咬傷脖子，也許就像欽族婦女最初紋臉真的是為了變醜，防止婦女被搶，久而久之卻變成一種獨特的審美觀與傳統。畢竟時間一久，任誰也無法說清真正由來。有一則猴子的實驗是這樣的：

　　把 5 隻猴子關在一個籠子裡，籠子上頭有一串香蕉。實驗人員裝了一個自動裝置，若是偵測到有猴子要去拿香蕉，馬上就會有強而有力的水柱噴向籠子，這 5 隻猴子就會被淋溼。首先有隻猴子想去拿香蕉，水柱果然噴出，讓每隻猴子都淋溼了，最後每隻猴子都去嘗試，結果也都是如此。於是猴子們達到一個共識：不能去拿香蕉，否則會有強力水柱噴出來！

　　後來實驗人員把其中的一隻猴子換掉，換一隻新猴子關到籠子裡。這隻新猴子看到香蕉，當然想要去拿，結果被其他 4 隻舊猴子制止。因為其他 4 隻猴子認為新猴子會害他們被強力水柱噴到。這隻新猴子嘗試了幾次，每次都被制止，終於明白拿香蕉是不被允許的。後來實驗人員再把另外一隻新猴子取代 4 隻舊猴子中的一隻，新猴子看到香蕉當然也是馬上要去拿，結果也是被其他 4 隻猴制止。

　　接著慢慢一隻一隻的，最後所有的舊猴子都換成新猴子了。大家都不敢去動那串香蕉，但牠們都不知道為什麼，只知道拿香蕉會被制止。這就是「傳統」，只知道世世代代照著做，沒人明白當初的用意了。

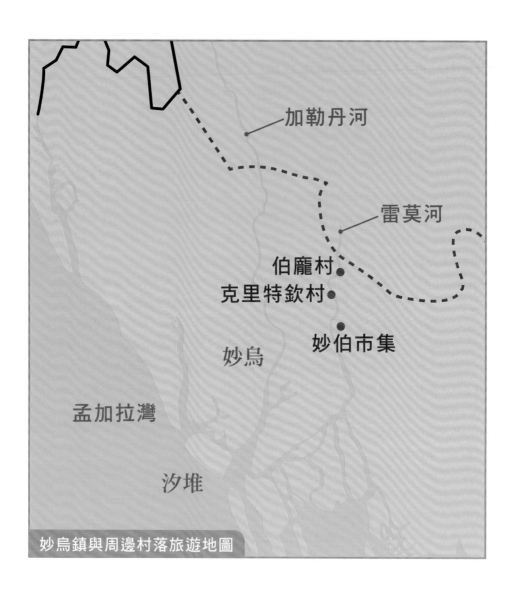

加勒丹河

雷莫河

伯龐村

克里特欽村

妙伯市集

妙烏

孟加拉灣

汐堆

妙烏鎮與周邊村落旅遊地圖

妙烏旅遊資訊

八萬尊佛像塔 Shittaung Paya

屬北部寺廟群，意為勝利之廟，明彬王於 *1535* 年為紀念攻克孟加拉 *12* 省而建，據說當進入寺廟，室內將變得清涼，此象徵著佛的教導。

佛塔內有 *8* 萬尊形態各異的佛像，*Shittaung* 意即把 *8* 萬佛像放置在龕內之意，塔內有各種人物生活、舞蹈及動物等彩色雕像，古樸而逼真，極具藝術價值，迴廊中途要經過一個「佛祖腳印」。戶外也有許多浮雕，其中有一男女交媾浮雕像，其為一隱士手握一女子乳房，而該女子手握該男子生殖器，相當寫實逼真，該浮雕訴說當時天旱是受該隱士法力所致，因其法力高強連諸神之王也拿他莫可奈何，最後諸神之王只好派女兒下凡，色誘該隱士使其因而喪失法力，這也導致以後某些派別奉行修行者過午不食，以免飽食而思淫慾。

1

2

3

4

1 八萬尊佛像塔
2 八萬尊佛像塔保存良好的佛像
3 八萬尊佛像塔內古樸佛像
4 八萬尊佛像塔外男女交媾雕像

九萬尊佛像塔 Kothaung Paya

　　屬東部寺廟群佛塔，內有 9 萬尊佛像，為明彬王之子 *Mintaikkha* 王 *1553* 年所建，目的是超過其父興建的 8 萬尊佛像塔。因當時 *Mintaikkha* 王身染重病，想趕著在其生前建成，最終該塔於 6 個月中完成，故較不牢靠，後於地震中受到極大損毀。

1-2 九萬尊佛像塔
3 九萬尊佛像塔內古樸佛像
4 九萬尊佛像塔內許多佛像已損毀
5 都坎登佛塔

都坎登佛塔　Dukkanthein Paya

　　屬北部寺廟群，西元 *1571* 年由 *Htukkan* 王所建，意為撐天之塔，祈求王國永存，此塔有螺旋貝殼迷宮樣迴廊，布滿佛像及 *64* 種地主、官員、各階層不同髮型石雕，以及其他各類衣飾、耳環，刻畫妙烏日常生活，還有一大廳殿，此廳殿為王室成員聽僧侶誦經祈福之所，塔內、外建築許多被緬王攻城時所破壞，有些佛像則在英緬戰爭時被英軍拿去當槍靶子。

INFO

八萬尊佛像塔、九萬尊佛像塔、都坎登佛塔

開放時間：6am-7pm

門票：妙烏套票 5 美元。可請飯店代購或於渡船碼頭買

瑞威擋山 Shewe Taung ／ Golden Hill

　　為妙烏觀賞日出日落的好場所，日落時，遠處的佛塔極美。

伯妙市集 Pan Mraung

　　位於雷莫河旁，相當擁擠，為若開邦族的市集，可見販賣各種蔬果、衣物及日常用品，是觀察若開邦庶民生活的好地方。

INFO

瑞威擋山
位置：位於 Myaungbwe Rd.，妙烏
Vesali Resort Hotel 後方
開放時間：24 小時
門票：免費

伯妙市集（克里特欽村、伯龐村）
交通：搭馬達船拜訪雷莫河周邊市場、村莊，來回約 6 小時，100 美元

1 由瑞威擋山觀賞日落
2 頭上頂著鋁製壺罐及物品的若開邦族

★★
交通／住宿資訊
★★

交通

🚢 船

· 汐堆→妙烏，7小時／ 120 美元（包船），國營船 4 美元，但一周只有兩班次。

住宿

🏠 **Vesali Resort Hotel**

前往市區內的熱門景點，相當方便，後面
山頭就可欣賞妙烏落日。

· 地址：Myaungbwe Rd., Mrauk U
· 價格：50 美元

🏠 **Shwe Thazine Hotel**

飯店離市區 0.1 公里，方便遊客外出。

· 地址：Lat Kauk Market Quarter, Mrauk U
· 電話：043-21579
· 價格：50 美元

🏠 **Myauk-U Princess Hotel**

靠近河岸邊。

· 地址：Aung Tat Quarter, Mrauk U
· 電話：043-50235，50238
· 價格：170 美元

🏠 **Nawarat Hotel**

近 8 萬尊佛像塔。

· 地址：Naung Pin Zay Quarter, Yangon-
sittwe Rd., Rakhine
· 電話：043-24200
· 價格：45 美元

都坎
登佛塔

八萬尊
佛像塔

九萬尊
佛像塔

瑞威擋山

妙烏王宮

妙烏鎮旅遊地圖

尾聲
再次返回仰光

　　緬甸 24 天行程的最後一晚，我們再一次的回到仰光。這是此趙行程中第四次進入仰光，自第一次與仰光的初邂逅後，我們立即搭國內班機飛往浦甘，在緬甸中部及東北部轉了一圈後，再搭機第二次進入仰光。隨後又搭機前往汐堆及妙烏，然後由那兒第三次飛回仰光，接著又前往勃固及大金石，之後再第四次踏入仰光。

　　每次踏入仰光總有更深一層的體會，總覺得一個緬甸有兩個世界，有上億的豪宅，也有住竹木屋的極多貧民，城鄉差距大到驚人，也許是虔誠信仰，使他們即使面對貧富與極大階級落差，依然展現友善樂觀，甚至樂天知命，回仰光，就如同由很久很久以前的時光，回到稍早以前的現代，至少讓我感到不用怕蚊子了，應該是說，被蚊子叮也不用擔心會感染瘧疾的日子真幸福。

　　此次行程參訪過不計其數的寺院、佛塔，其中曼德勒山、賓達雅及大金塔有電梯可搭，可省去不少力氣，而大金石及大金塔入內參觀都需要經過電子儀器搜身，以防止破壞，可見緬甸對這兩處的重視。這次自助旅行，我特意安排再次造訪大金塔為最後一站，2,500 年歷史的大金塔在陽光下顯得雍容華貴，氣氛祥和，在此常可見到信眾一字排開，一聲令下整齊的擦拭著本來就十分乾淨的地面，在大小塔間穿梭膜拜的是穿著籠基的祈福民眾，他們遵循古禮在自己生肖雕像前浴佛獻花，或順時鐘繞塔參拜，堅信舉凡造塔、掃塔、修塔、禮塔均可獲無量功德，注重現世修行及布施，可以獲得來世福報的觀念，使他們得以淡然的適應種種逆境。

　　塔代表佛的身體，由底座向上看猶如佛陀盤坐，望著它很自然的就讓人感到身心祥和，而雄踞仰光最高點的大金塔，在仰光隨處都可看到那金碧輝煌的塔尖，66 噸黃金塑成的塔身，頂端有 76 克拉巨鑽，周圍繞以 7,000 多顆鑽石與寶石，無疑是緬甸人民信仰上的堡壘。這也難怪 1946 年 1 月，翁山將軍選擇在此對英政府發表演說，要求獨立的宣言點燃民眾爭取自由的火炬，繼之 42 年後，他的女兒翁山蘇姬於 1988 年 8 月 26 日，同樣也在此對 50 萬示威者發表演講，號召群眾結束強人統治，這些演說在慷慨

激昂中激出火花與熱血，隨後更激起洶湧迴盪的民主漣漪，也因此造就目前緬甸的開放改革。因此可說大金塔是緬甸人民的民主殿堂。

　　艾瑪・拉金（Emma Larkin）的著作《在緬甸尋找喬治歐威爾》曾提到，有位退休老師認為《獅子王》（The Lion King）這部電影就是緬甸的寫照，辛巴（Simba），那頭被迫離開家鄉的獅子就是翁山蘇姬；而辛巴的父親就像遭到謀殺的翁山將軍，奪取王國的邪惡獅子就是奈溫將軍，這邪惡的獅子將樂土變地獄，幸運的是辛巴最後擊敗了牠。這充分說明緬甸人對開放改革邁向民主的期盼，然而仍有些人抱持著懷疑的態度，認為不過是舊瓶裝新酒，因此緬甸人民現在就處於這複雜的情緒中，由坊間一些傳聞可見一二，據說開放改革後，有 6 隻禿鷹停在大金塔上，因此許多緬甸人民認為這是凶兆，並不看好；相反的，翁山蘇姬當選國會議員後，同一時間捕到對緬甸人來說是吉兆的白象，因之許多人認為緬甸盛世將來臨，無論吉兆或凶兆，大家共同的觀點是至少目前有了民主的一道曙光，以後的發展端看這曙光能否持續下去。

在 2015 年 11 月 8 日翁山蘇姬領導的全國民主聯盟（NLD）在全國大選中贏得逾八成民選席次，儘管受限於憲法，她目前無法成為緬甸總統，但實際上仍是緬甸政府的實質領導人。翁山蘇姬認為創造就業機會首先要做的就是通過投資道路、橋梁和電力等建設來實現，我們也看到緬甸確實朝這方向在前進，這由 2017 年 4 月公布的投資法細則可見一般。然而這道民主曙光就不會有烏雲？翁山蘇姬能一路擺脫軍政府的束縛嗎？而一直處於內戰狀態的緬甸能就此和平嗎？

不幸的是 2016 年 10 月 9 日，若開邦有 9 名緬甸邊防人員被打死，緬甸政客指責是若開洛興亞救世軍（Arakan Rohingya Salvation Army，ARSA）所為，此組織被認為與恐怖組織有關聯，緬甸政府軍因而展開打擊反叛行動，但軍隊被控在行動中於若開邦殺害洛興亞人，迫使約有七萬羅興亞人為躲避軍事行動而逃往鄰近的孟加拉國。此舉被媒體聲稱緬甸正試圖「種族清洗」，欲將洛興亞穆斯林少數群體從緬甸排除出去。自此若開邦的種族衝突持續擴大，2017 年 8 月 25 日若開洛興亞救世軍襲擊了位於若開邦的一個警察局，殺死 12 人，這是迄今為止最大的一起襲擊，緬甸軍方於是展開更大規模的暴力鎮壓，導致約 41 萬羅興亞人逃至孟加拉。因對抗軍政府的壓迫、因爭取緬甸的民主與人權而於 1991 年榮獲諾貝爾和平獎，被視為民主鬥士的翁山蘇姬，外界原本對她寄予厚望，然而這段期間她卻一直保持緘默，直至 2017 年 9 月 19 日，在國際輿論壓力下，翁山蘇姬終於打破沉默，駁斥「種族清洗」說法，認為是持不同分歧意見的人的問題，僅譴責對造成衝突的「各方」違反人權，以及非法使用暴力的行為。

BBC 記者費格爾 基恩（Fergal Keane），20 年前曾採訪翁山蘇姬，2017 年 4 月再度採訪她，事後記者撰文形容翁山蘇姬道：「由偶像到政客」

翁山蘇姬也許受限於憲法有她無法掌控軍方的難處，或許她領導的全國民主聯盟尚未足夠茁壯，仍然需要獲得占多數人口的緬族支持，也許面對這複雜的歷史共業有許多要考量之處，又或許為了更理想的國家藍圖需暫時隱忍，我由衷的盼望她不改初衷。

　　較之動盪中的緬甸人民，我實在幸福多了，當時的我靜坐在大金塔下，欣賞落日餘暉光影的變化，耳際不時傳來喃喃誦經祈福聲，加之空中飄散過來的風鈴聲、此起彼落分享喜悅的鐘鑼聲，內心感覺無比的寧靜、滿足，夜幕低垂，望著信眾燃起的一盞盞油燈，宛如燃起心頭燈，滅除心頭火，照破眾無明一般，這是一種心靈的成長，旅行結束時，我帶回的是一整箱快樂的回憶與緬甸人民熱情的笑容。

附錄

緬甸大事紀

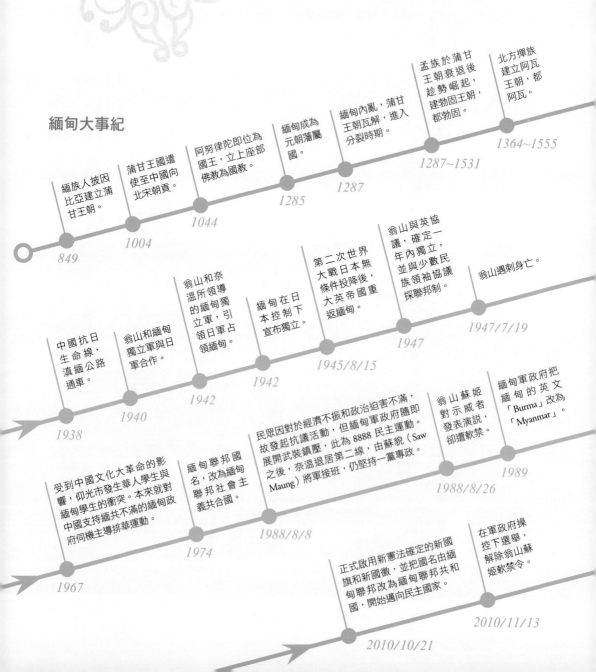

北方撣族建立阿瓦王朝，都阿瓦。
1364~1555

孟族於蒲甘王朝衰退後趁勢崛起，建勃固王朝，都勃固。
1287~1531

緬甸內亂，蒲甘王朝瓦解，進入分裂時期。
1287

緬甸成為元朝藩屬國。
1285

阿努律陀即位為國王，立上座部佛教為國教。
1044

蒲甘王國遣使至中國向北宋朝貢。
1004

緬族人披因比亞建立蒲甘王朝。
849

翁山與英協議，確定一年內獨立，並與少數民族領袖協議採聯邦制。
1947

翁山遇刺身亡。
1947/7/19

第二次世界大戰日本無條件投降後，大英帝國重返緬甸。
1945/8/15

緬甸在日本宣布獨立。
1942

翁山和奈溫所領導的緬甸獨立軍，引領日軍占領緬甸。
1942

翁山和緬甸獨立軍與日軍合作。
1940

中國抗日生命線，滇緬公路通車。
1938

緬甸軍政府把緬甸的英文「Burma」改為「Myanmar」。
1989

翁山蘇姬對示威者發表演說，卻遭軟禁。
1988/8/26

民眾因對於經濟不振和政治迫害不滿，故發起抗議活動，但緬甸軍政府隨即展開武裝鎮壓，此為 8888 民主運動。之後，奈溫退居第二線，由蘇貌（Saw Maung）將軍接班，仍堅持一黨專政。
1988/8/8

緬甸聯邦國名，改為緬甸聯邦社會主義共和國。
1974

受到中國文化大革命的影響，仰光市發生華人學生與緬甸學生的衝突。本來就對中國支持緬共不滿的緬甸政府伺機主導排華運動。
1967

在軍政府操控下選舉，解除翁山蘇姬軟禁令。
2010/11/13

正式啟用新憲法確定的新國旗和新國徽，並把國名由緬甸聯邦改為緬甸聯邦共和國，開始邁向民主國家。
2010/10/21

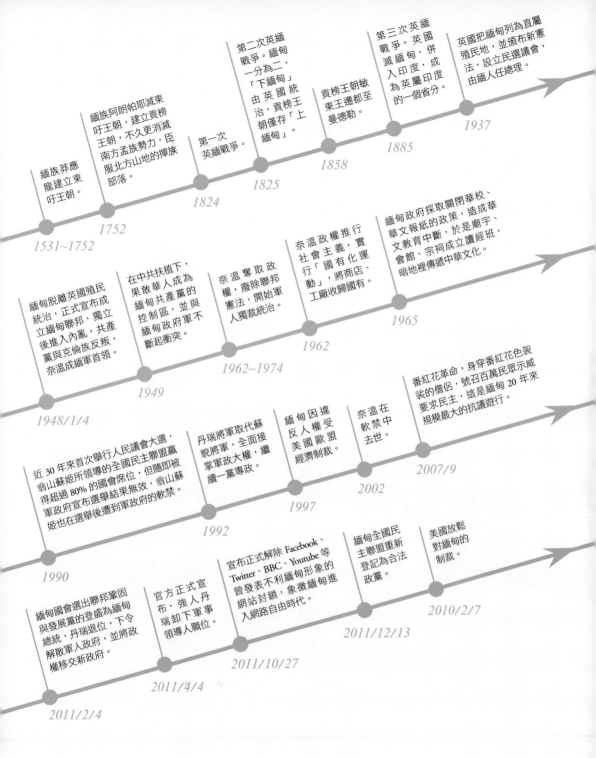

緬族莽應龍建立東吁王朝。

1531~1752

緬族阿朗帕耶滅東吁王朝，建立貢榜王朝，不久更消滅南方孟族勢力，臣服北方山地的撣族部落。

1752

第一次英緬戰爭。

1824

第二次英緬戰爭。緬甸一分為二，「下緬甸」由英國統治，貢榜王朝僅存「上緬甸」。

1825

貢榜王朝敏東王遷都至曼德勒。

1858

第三次英緬戰爭。英國滅緬甸，併入印度，成為英屬印度的一個省分。

1885

英國把緬甸列為直屬殖民地，並頒布新憲法，設立民選議會，由緬人任總理。

1937

緬甸脫離英國殖民統治，正式宣布成立緬甸聯邦，獨立後進入內亂，共產黨與克倫族反叛，奈溫成緬軍首領。

1948/1/4

緬甸脫離英國殖民統治，正式宣布成立緬甸聯邦，獨立後進入內亂，共產黨與克倫族反叛，奈溫成緬軍首領。

1949

在中共扶植下，果敢華人成為緬甸共產黨的控制區，並與緬甸政府軍不斷起衝突。

1962~1974

奈溫奪取政權，廢除聯邦憲法，開始軍人獨裁統治。

1962

奈溫政權推行社會主義，實行「國有化運動」，將商店、工廠收歸國有。

1965

緬甸政府採取關閉華校、華文教育中斷，於是廟宇、會館、宗祠成立讀經班，暗地裡傳遞中華文化。

近30年來首次舉行人民議會大選，翁山蘇姬所領導的全國民主聯盟贏得超過80%的國會席位，但隨即被軍政府宣布選舉結果無效，翁山蘇姬也在選舉後遭到軍政府的軟禁。

1990

丹瑞將軍取代蘇貌將軍，全面接掌軍政大權，繼續一黨專政。

1992

緬甸因違反人權受美國歐盟經濟制裁。

1997

奈溫在軟禁中去世。

2002

番紅花革命，身穿番紅花色袈裟的僧侶，號召百萬民眾示威要求民主，這是緬甸20年來規模最大的抗議遊行。

2007/9

緬甸國會選出聯邦鞏固與發展黨的登盛為緬甸總統，丹瑞退位，下令解散軍人政府，並將政權移交新政府。

2011/2/4

官方正式宣布，強人丹瑞卸下軍事領導人職位。

2011/4/4

宣布正式解除 Facebook、Twitter、BBC、Youtube 等曾發表不利緬甸形象的網站封鎖，象徵緬甸進入網路自由時代。

2011/10/27

緬甸全國民主聯盟重新登記為合法政黨。

2011/12/13

美國放鬆對緬甸的制裁。

2010/2/7

緬甸執政黨聯邦鞏固與發展黨登實，總統登盛已經正式辭去該黨主席職務。

2013/5/2

美國總統歐巴馬抵達緬甸進行歷史性訪問，成為首位在任內歷史性訪問的美國總統，並分別走訪緬甸的反對派領袖翁山蘇姬及與緬甸反對派領袖翁山蘇姬及總統登盛會面，表達美國對緬甸改革的支持。

2013/4

歐盟外長會議，宣布解除對緬甸經濟與政治制裁。

緬甸聯邦選舉委員會公告歷史性國會補選，在 45 個議會議席補選中，全國民主聯盟最終獲得了 43 席，主席翁山蘇姬當選聯邦議會人民院議員。歐美經濟體逐步放鬆對緬甸制裁。

2012/11/19

2012/4/1

逾半世紀來首次經民主選舉產生的國會開議，肩負著選舉議長、推舉總統、組閣的重要使命，民盟正式走上緬甸政治舞台中心。緬甸呈現新的政治格局。

民盟吳廷覺當選緬甸新總統。

2016/3/15

緬甸議會的委員會投票表決保留一條憲法條款，禁止反對派領袖翁山蘇姬作為候選人參加總統競選。

翁山蘇姬領導的全國民主聯盟（NLD）大選贏得逾八成民選席次。

2016/2/1

2015/11/8

2014/6/13

緬甸政府公告「緬甸投資法」（Myanmar Investment Law），申請投資許可者，得同時申請「土地使用權」。獲得「土地使用權」核准者，有權依法長期租賃私人土地及建物，或政府管理之土地、建物，且得再續租 10-20 年。

九名緬甸邊防人員被打死，緬甸政客指責此為若開羅興亞激進組織所為。緬甸邊防軍人即在若開邦展開軍事行動，導致約有七萬洛興亞人逃往鄰近的孟加拉國。此舉被媒體聲稱「緬甸正試圖種族清洗，欲將羅興亞穆斯林少數群體從緬甸排除出去。」

2016/10/18

美國總統奧巴馬正式發出行政指令，解除美國對緬甸的多年制裁。

2016/10/9

2016/10/7

翁山蘇姬，批准聯合國人權與發展組織進入緬甸，並且希望能安排大量洛興亞難民返回緬甸家園。

緬甸總統廷覺 3 月 21 日宣布辭職後，翁山蘇姬親信，前人民院（下議院）議長溫敏（Win Myint）獲議員過半得票當選為新任總統。

2018/4/27

約 41 萬洛興亞人逃至孟加拉，在國際輿論壓力下，翁山蘇姬終於打破沉默，譴責對造成衝突的「各方」違反人權、非法使用暴力的行為，但駁斥「種族清洗」說法。

2018/3/28

2017/9/19

（以上部分參考維基百科）

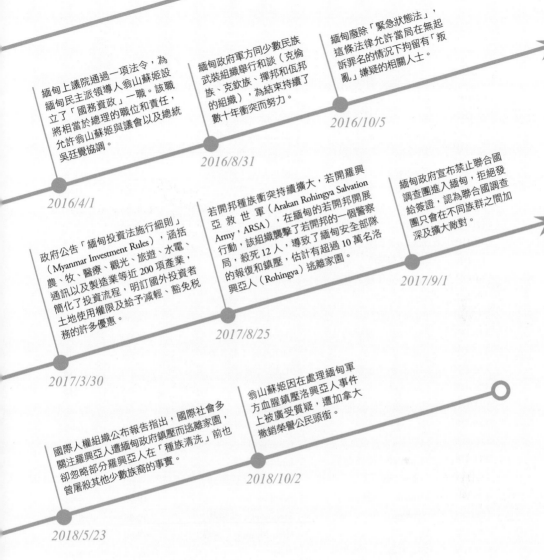

緬甸上議院通過一項法令，為緬甸民主派領導人翁山蘇姬設立了「國務資政」一職。該職立了相當於總理的職位和責任，將允許翁山蘇姬與議會以及總統吳廷覺協調。

2016/4/1

緬甸政府軍方同少數民族武裝組織舉行和談（克倫族、克欽族、撣邦和佤軍的組織），為結束持續了數十年衝突而努力。

2016/8/31

緬甸廢除「緊急狀態法」，這條法律允許當局在無起訴罪名的情況下拘留有「叛亂」嫌疑的相關人士。

2016/10/5

政府公告「緬甸投資法施行細則」（Myanmar Investment Rules），涵括農、牧、醫療、觀光、旅遊、水電、通訊以及製造業等近 200 項產業，簡化了投資流程，明訂國外投資者土地使用權限及給予減輕、豁免稅務的許多優惠。

2017/3/30

若開邦種族衝突持續擴大，若開羅興亞救世軍（Arakan Rohingya Salvation Army，ARSA），該組織襲擊了若開邦開展行動，在緬甸的若開邦的一個警察局，殺死 12 人，導致了緬甸安全部隊的報復和鎮壓，估計有超過 10 萬名洛興亞人（Rohingya）逃離家園。

2017/8/25

緬甸政府宣布禁止聯合國調查團進入緬甸，拒絕發給簽證，認為聯合國調查團只會在不同族群之間加深及擴大敵對。

2017/9/1

國際人權組織公布報告指出，國際社會多關注羅興亞人遭緬甸政府鎮壓而逃離家園，卻忽略部分羅興亞人在「種族清洗」前也曾屠殺其他少數族裔的事實。

2018/5/23

翁山蘇姬因在處理緬甸軍方血腥鎮壓洛興亞人事件上被廣受質疑，遭加拿大撤銷榮譽公民頭銜。

2018/10/2

火車時刻表（參考）

火車班次	站名		時間	
	出發	到達	出發	到達
1-UP	Yangon（仰光）	Mandalay（曼德勒）	04:00	21:30
2-DN	Mandalay（曼德勒）	Yangon（仰光）	08:30	02:00
3-UP	Yangon（仰光）	Mandalay（曼德勒）	17:00	21:30
4-DN	Mandalay（曼德勒）	Yangon（仰光）	17:30	21:30
5-UP	Yangon（仰光）	Mandalay（曼德勒）	15:00	09:30
6-DN	Mandalay（曼德勒）	Yangon（仰光）	15:00	09:30
11-UP	Yangon（仰光）	Mandalay（曼德勒）	06:00	22:00
12-DN	Mandalay（曼德勒）	Yangon（仰光）	06:00	22:00
13-UP	Yangon（仰光）	Bago（勃固）	16:15	19:35
14-DN	Bago（勃固）	Yangon（仰光）	05:15	08:45
26-DN	Mandalay（曼德勒）	Pyinmana	08:15	15:30
29-UP	Yangon（仰光）	Mandalay（曼德勒）	12:15	04:00
117-UP	Bagan（蒲甘）	Mandalay（曼德勒）	04:00	19:30
118-DN	Mandalay（曼德勒）	Bagan（蒲甘）	07:00	19:00
119-UP	Bagan（蒲甘）	Mandalay（曼德勒）	07:00	23:45
120-DN	Mandalay（曼德勒）	Bagan（蒲甘）	21:00	10:40
121-UP	Chaung U	Pakokku	15:00	12:30
122-DN	Pakokku	Chaung U	06:00	23:20
125-UP	Chaung Oo	Monywa（蒙育瓦）	09:40	20:00
126-DN	Monywa（蒙育瓦）	Chaung Oo	14:00	19:15
131-UP	Mandalay（曼德勒）	Lashio（臘戌）	04:35	11:30
132-DN	Lashio（臘戌）	Mandalay（曼德勒）	05:00	20:00
135-UP	Mandalay（曼德勒）	Pakokku	18:00	15:55
136-DN	Pakokku	Mandalay（曼德勒）	05:00	18:45
141-UP	Thazi	Shwe Nyaung（水娘）	07:00	18:40
142-DN	Shwe Nyaung（水娘）	Thazi	08:00	09:35

船班時刻表（參考）

曼德勒 ←→ 蒲甘

航班	時間	JETTY 碼頭	出發時間	抵達時間	費用（$）	艙等
Shwe Keinnary	11 月 ~4 月，每日一班	Gaw-Wein	06:00	16:00	60	Seats [Recliner]（躺椅）
Malikha River Cruise	10 月 ~2 月，每日一班	Malikha	07:00	16:00	50	Seats

蒲甘 ←→ 曼德勒

航班	時間	JETTY 碼頭	出發時間	抵達時間	費用（$）	艙等
Shwe Keinnary	11 月 ~4 月，每日一班	Gaw-Wein	05:00	17:30	60	Seats [Recliner]（躺椅）
Malikha River Cruise	10 月 ~2 月，每日一班	Malikha	07:00	17:30	50	Seats

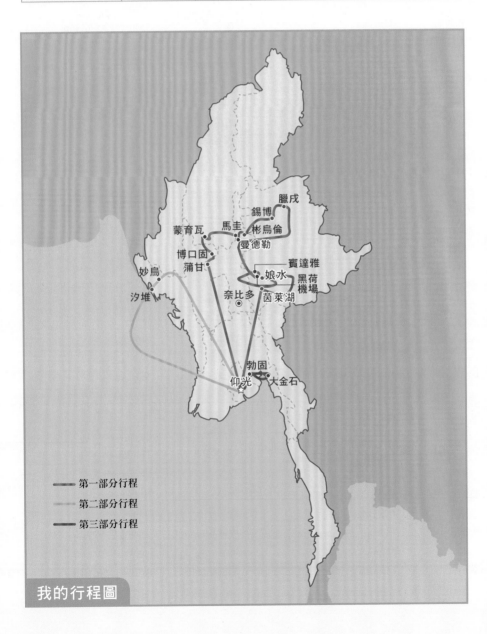

── 第一部分行程
── 第二部分行程
── 第三部分行程

我的行程圖

中英文對照

地名

中文	英文
木姐	Muse
水娘	Shwe Nyaung
加勒丹河	Kaladan
伊洛瓦底江	Ayeyarwady
仰光	Yangon
吉桃鎮	Kyaikto
汐堆	Sittwe
米坦格河	Myitnge
伯龐村	Pan Paung
克里特欽村	Krit Chaung
妙烏	Mrauk U
杜哈瓦底河	Dhu Hta Waddy
卑謬	Pyay
奈比多	Naypyidaw
昂班	Aungban
明卡巴區	Myinkaba
明江	Mingun
東枝	Taunggyi
空達村	Kon Thar
金磅	Kinpun
阿瓦	Ava
阿馬拉布拉	Amarapura
勃固	Bago
娘水	Nyaungshwe
娘烏	Nyaung Oo
恩波空村	In Phaw Khone
挪澎	Nawngpeng
格囉	Kalaw
茵萊湖	Inle Lake
茵鄧	Inthein（Nyaungshwe）
馬圭	Magway
曼德勒	Mandalay

中文	英文
堅坎村	Kyaing Khan
密支那	Myitkyina
彬烏倫	Pyin（U）OoLwin
梭隆村	So Lon
陶塔曼湖	Taungthaman
博口固	Pakokku
喃圖	Namtu
喃瑪	Nam-ma
喬卡村	Kyaukka
喬克托區	Kyawk Taw Areas
欽邦	Chin
欽敦	Chindwin
雅瑪村	Ywama
黑荷機場	Heho
新臘戍	Lashio Lay
瑞麗	Ruile
葡萄歐	Putao
雷莫河	Lemro
實皆	Sagaing
瑤當村	Ywa-Htaung
蒙戈	Mogoke
蒙育瓦	Monywa
蒲甘	Bagan
賓達雅	Pindaya
德林達依	Tanintharyi
緬甸	Myanmar（舊稱 Burma）
錫博	Hispaw
舊臘戍	Lashio Gyi
龐鐸烏	Phaung Dawoo
臘戍	Lashio
霸圖苗營區	Ba Htoo Myo Camp

人名／族名／其他

中文	英文
丹瑞	Than Shwe
扎甘納爾	Zarganar
布郎族	Palaung
民主聯盟	NLD
江喜陀	Kyanzittha
克耶族	Kayah
克倫族	Kayin
克欽族	Kachin
良淵	Nyaungyan Min
辛標信	Hsinbyushin
那羅多	Narathu
那羅波帝悉都	Narapatisithu
那羅梯訶波帝	Narathihapate
奈溫	Ne Win
孟既	Bagyidaw
孟族	Mon
孟雲 （波道帕耶）	Bo Daw Paya
披因比亞	Pyinbya
明彬	Minbin
東吁王朝	Taungoo
果敢華人	Kokang
邵甲聖	Sao Kya Seng
邵烏甲	Sao Oo Kya
阿奴律陀	Anawrahta
阿那畢隆	Anaukpetlun

中文	英文
阿朗帕耶	Alaungpaya
阿隆悉都	Alaungsithu
信修浮	Shinsawbu
洛興雅族	Rohinya
若開族	Rakhine
納特	Nat
納瑞宣	Naresuan
翁山	Aung San
翁山蘇姬	Aung San Suu Kyi
茵達族	Inn Tha
貢榜王朝	Konbaung
敏東	Mindon
莽應里	Nandabayin
莽應龍	Bayinnaung
莽應禮	Tabinshwehti
斯里達瑪索卡	Siri Dhamma Sawka
登盛	Thein Sein
雷圖欽族	Laytu Chin
瑪努哈	Manuha
緬族	Bamar
撣族	Shan
醯路彌路	Htilominlo
驃族	Pyu

國家圖書館出版品預行編目資料

緬甸Discovery：米倉、玉石與佛祖的庇佑 / 陳光煒著.
-- 二版 . -- 臺北市：華成圖書，2018.12
面 ； 公分 . --（自主行系列 ； B6157）
ISBN 978-986-192-337-6（平裝）

1. 自助旅行 2. 緬甸

738.19   107017973

自主行系列　B6157

緬甸 Discovery：米倉、玉石與佛祖的庇佑（全新增訂版）

作　　者／陳光煒

出版發行／ 華杏出版機構

華成圖書出版股份有限公司
www.far-reaching.com.tw
11493台北市內湖區洲子街72號5樓（愛丁堡科技中心）
戶　　名　　華成圖書出版股份有限公司
郵政劃撥　　19590886
e - m a i l　　huacheng@email.farseeing.com.tw
電　　話　　02-27975050
傳　　真　　02-87972007
華杏網址　　www.farseeing.com.tw
e - m a i l　　adm@email.farseeing.com.tw
華成創辦人　　郭麗群
發 行 人　　蕭聿雯
總 經 理　　蕭紹宏

主　　編　　王國華
責任編輯　　楊心怡
美術設計　　陳秋霞
印務主任　　何麗英
法律顧問　　蕭雄淋

定　　價／以封底定價為準
出版印刷／2015年03月初版1刷
　　　　　2018年12月二版1刷

總 經 銷／知己圖書股份有限公司
　　　　　台中市工業區30路1號　　電話　04-23595819　　傳真　04-23597123

版權所有　翻印必究　Printed in Taiwan　　◆本書如有缺頁、破損或裝訂錯誤，請寄回總經銷更換◆

讀者線上回函
您的寶貴意見
華成好書養分